Die 45 schönsten Strickideen für Kinder

Text und Idee
von Susanne Stöcklin-Meier
Fotos
von Roland Aellig
Illustrationen
von Nicole Viaud

Wer will schöne Maschen stricken,
der muss Wolle winden,
Nadeln und Knäuel finden:
Rechte Maschen hin,
rechte Maschen her,
Rippen stricken ist nicht schwer!

Inhaltsverzeichnis

Zum Geleit

Stricken ist heute wieder Mode geworden. Und was Mütter tun, ahmen Kinder gerne nach. Zwischen fünf und acht Jahren erwacht bei Mädchen und Buben das Interesse am Stricken.

Stricken ist eine alte Technik. In Europa ist die älteste Darstellung einer Strickerin Maria auf einem Altarbild. Sie strickt für das Jesuskind ein Kittelchen.

Ich habe für Mütter und Kinder die 45 schönsten Strickideen für Anfänger zusammengestellt. Das Handarbeiten auf dem Stricklieschen und dem Strickring sind gute Vorübungen für das Stricken. Wer damit fleissig Schläuche anfertigt, wird «rechte Maschen hin, rechte Maschen her, Rippenstricken ist nicht schwer!» schneller begreifen.

Stricken ist eine wundervolle Übung. Es fördert Fingergeschicklichkeit, Ausdauer und die Freude am eigenen Tun. Jedoch nur, wenn die Stricksachen ganz einfach sind und die Kleinen weder technisch noch zeitlich überfordern.

Es ist erstaunlich, was sich alles mit rechten Maschen im Rippenmuster stricken lässt: Umhängetaschen für Puppen, Flikken-Decken, Topflappen, Hühner, Seehunde, Gespenster und Schmetterlinge.

Im Abschnitt «Strickanleitung» sind die einfachsten, wichtigsten Grundbegriffe des Strickens so aufgezeigt, dass Erwachsene diese ihren Kindern problemlos vermitteln können. Auch beim Stricken macht Übung den Meister. Legen Sie das Schwergewicht auf das gemeinsame fröhliche Tun. Spielen Sie «Strickchränzchen». Singen beim Stricken und plaudern sind nicht verboten.

Stöbern Sie gemeinsam in den Wollresten. Lassen Sie die Kinder ihre Lieblingsfarben wählen. Da jede Strickerin und jeder Stricker anders strickt und jeder Wollrest unterschiedlich dick ist, sollten Sie mit der gewählten Wolle und den dazupassenden Stricknadeln eine Strickprobe machen. Nur so haben Sie Garantie, dass das Gestrickte am Schluss die gewünschte Grösse aufweist. Puppenkleider strickt man besser zu gross als zu klein. Es ärgert die kleinen Puppenmütter und -väter, wenn die Arm- und Halslöcher sperren beim An- und Ausziehen.

Kinder nehmen fertig gestrickte Geschenke von Mutter oder Grossmutter gerne entgegen. Ich denke etwa an gestrickte Bären, Zwerge oder ein gezöpfeltes Stirnband. Strickanfänger wiederum freuen sich, Kleiderbügel, Eierwärmer und dergleichen auf Geburtstage oder Weihnachten zu verschenken.

Der Fotograf Roland Aellig aus Bern und die Grafikerin Nicole Viaud aus Zürich halfen mir mit ihrem künstlerischen Flair, die vorliegende kleine Welt aus gestrickter Wolle lebendig wirken zu lassen.

Ich wünsche gross und klein viel Spass beim Stricken und viele gute Ideen beim Spiel mit den fertigen Sachen.

Susanne Stöcklin-Meier
Diegten, im September 1988

Früher hat man aus einer Fadenspule ein Strick-Strick gebaut. Es wurden oben in der Lochnähe vier Nägel eingeschlagen. Heute können wir diese wunderbare, kleine Strickmaschine in vielen Varianten in Bastel- und Spielzeuggeschäften kaufen. Sie sind aus gedrechseltem Buchenholz. Die Strick-Strick haben unterschiedliche Formen und sind meistens bunt bemalt. Sie sehen aus wie ein Stricklieschen, ein Strickpilz oder eine Strickmaus. Mit den fertigen Strick-Strick-Schläuchen lassen sich hübsche Bilder legen oder Teppiche für die Puppenstube anfertigen. Sie können auch als Wäscheleine für die Puppenkleider oder als Springseil verwendet werden.

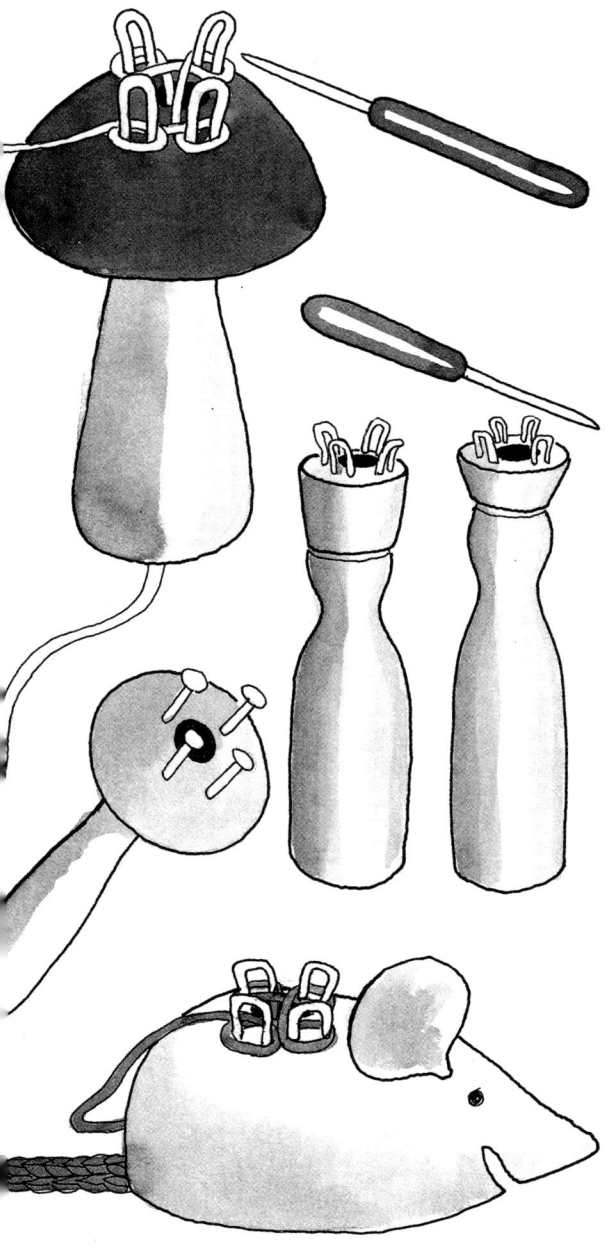

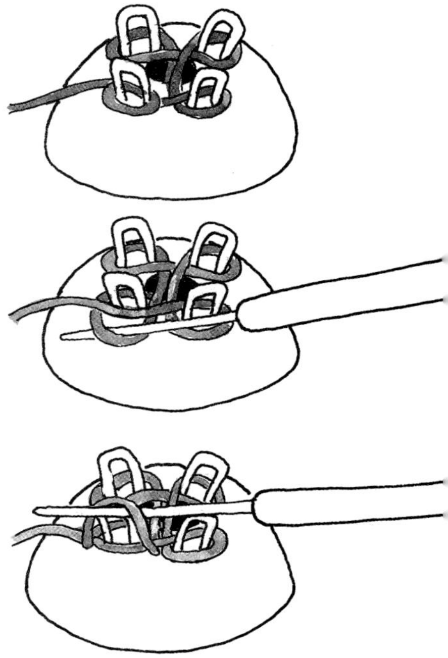

Strickanleitung:

Man beginnt damit, das Fadenende durch die Bohrung nach unten zu führen und den fortlaufenden Faden um die einzelnen Haken zu schlingen (siehe Abbildung). Dabei hält man den Strick-Strick und den Arbeitsfaden in der linken, die Nadel in der rechten Hand. Den fortlaufenden Faden legt man jeweils vor den Haken. Mit der Stricknadel wird die darunterliegende Masche über den Faden und den Haken gehoben. Nach und nach kann man den fertigen Strickschlauch aus der unteren Öffnung ziehen. Das Stricken wird beendet, indem der abgeschnittene Faden durch alle um die Ösen liegenden Schlingen gezogen und dann verknotet wird.

Alles über den Strickring

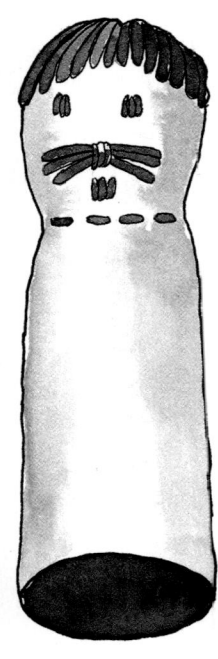

Dieses Rundstrickgerät hat einen Durchmesser von 9 cm. Wegen des grösseren Loches in der Mitte und den 12 bis 16 Haken lassen sich natürlich wesentlich dickere Strickschläuche anfertigen, als das mit dem Strick-Strick und seinen vier Haken möglich ist.

So fangen wir an:
Wir setzen eine Schlinge auf das erste Häkchen und führen den Faden jeweils von hinten einmal um den Haken herum. Beim letzten Haken angekommen, wird der Faden vor den ersten gelegt und die bereits bestehende Schlinge mit der Nadel über den Faden und den Haken gezogen, und so fort, bis unten am Strickgerät der gestrickte Schlauch herausschaut.

Abschlussrunde
Das Stricken wird beendet, indem der abgeschnittene Faden durch alle um die Haken liegenden Maschen gezogen und vernäht wird.

Fingerpuppen

Für die Fingerpuppen stricken wir Schläuche von 6 cm Länge in einer Farbe. Dann neue Farbe für den Kopf einstricken, 4 cm hoch. Abschlussrunde und vernähen. Kopf mit Watte ausstopfen, mit Wollfaden den Hals abbinden. Gesicht aufsticken und Haare einnähen.
Je nach Farbe und Verzierung entstehen Kasper, Seppl, Gretel, Hexe usw.

Schnecke

Wir stricken einen 12 cm langen Schlauch. Abschlussrunde und vernähen. Schneckenkörper ausstopfen und Faden durch die Anschlagmaschen ziehen, zusammenziehen und vernähen. Aus einem langen Strick-Strick-Schlauch rollen wir ein Schneckenhaus. Bei jeder Rundung wird der Schlauch mit unsichtbaren Stichen zusammengenäht. Am Schluss das Haus auf den Schneckenkörper nähen. Die Fühler der Schnecke häkeln wir mit Luftmaschen und nähen sie fest.

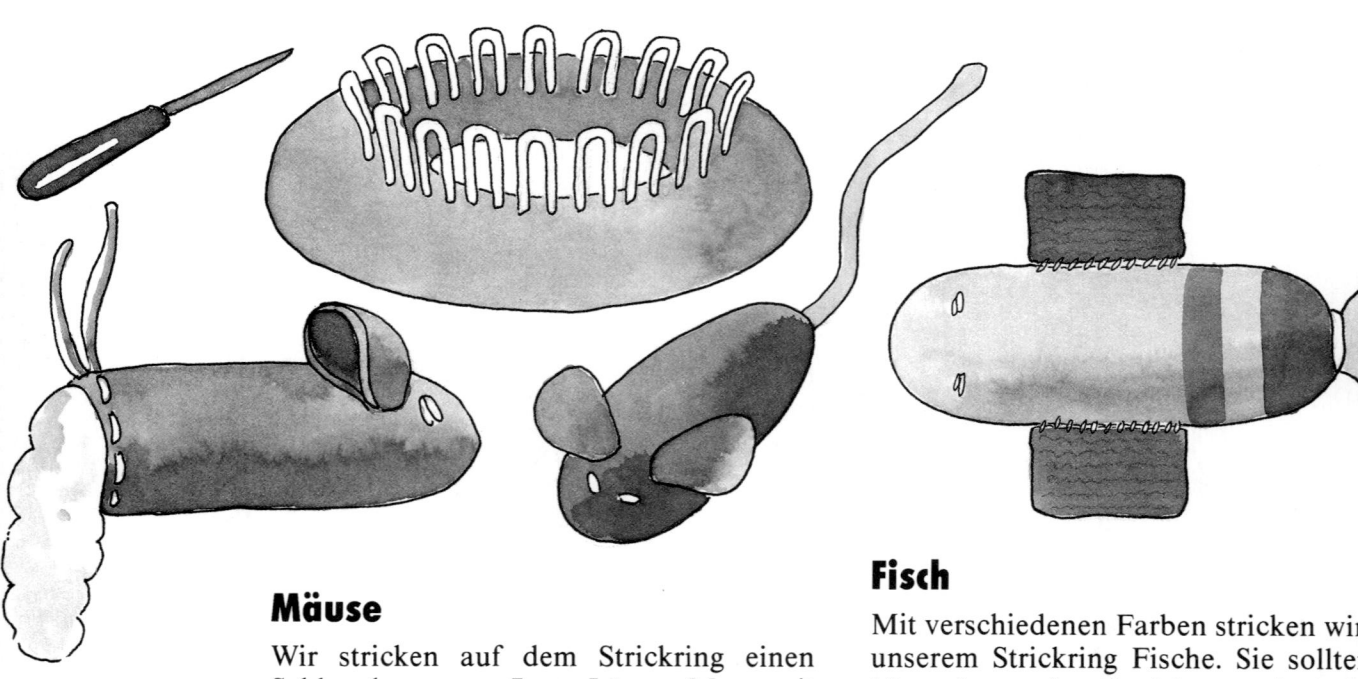

Mäuse

Wir stricken auf dem Strickring einen Schlauch von ca. 7 cm Länge. Maus mit Watte stopfen. Faden durch Anschlagmaschen ziehen, zusammenziehen und vernähen. Als Schwanz nähen wir einen dünnen Strick-Strick-Schlauch an. Filzohren annähen oder aus der gleichen Wolle wie der Körper zweimal sieben Maschen anschlagen alles fünf Rippen hoch stricken, abketten und beide Ohren annähen. Augen aufsticken und Schnauzhaare einziehen.

Fisch

Mit verschiedenen Farben stricken wir auf unserem Strickring Fische. Sie sollten ca. 12 cm lang sein. Abschlussrunde und vernähen. Die Fische mit Watte ausstopfen. Die Schwanzflosse entsteht, indem wir 2 cm nach dem Anschlag abbinden und vernähen (siehe Abbildung). Für die Seitenflossen schlagen wir je sieben Maschen an und stricken diese vier Rippen hoch. Abketten und seitlich am Fischkörper annähen. Jetzt fehlt unserem Fisch nur noch das Gesicht. Es wird aufgestickt.

Strickanleitung für Anfänger

Anschlagen

Zum Anschlagen immer dicke Nadeln verwenden, damit der Rand dehnbar wird. Achtung: Eine Stricknadellänge Garn reicht für 12 bis 15 Maschen.

Auflegen des Garnes

Das vorgemessene Garn mit der rechten Hand halten. Das Knäuelgarn wie zum Stricken auflegen. Mit der rechten Hand das Garn von unten nach oben um den Daumen kreuzen. Das Garnende zwischen dem Ring- und Kleinfinger festhalten.

Rechte Maschen

Mit der rechten Nadel von vorn nach hinten in die Masche stechen. Das Garn von unten nach oben um die rechte Nadel schlagen. Durch die Masche ziehen und diese von der linken Nadel fallen lassen.

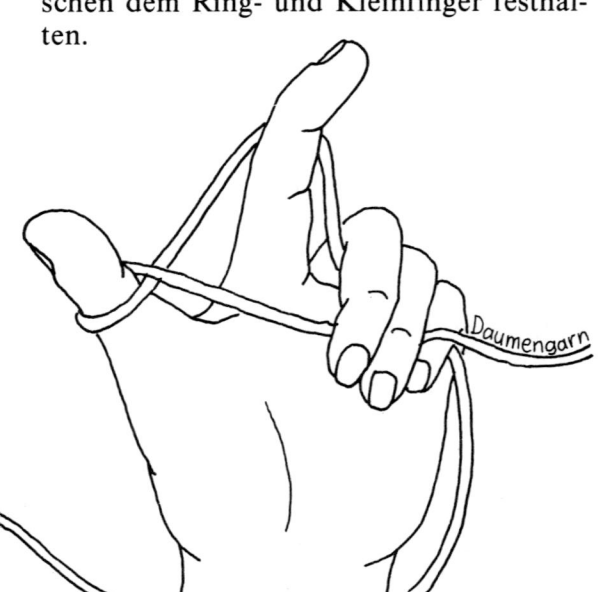

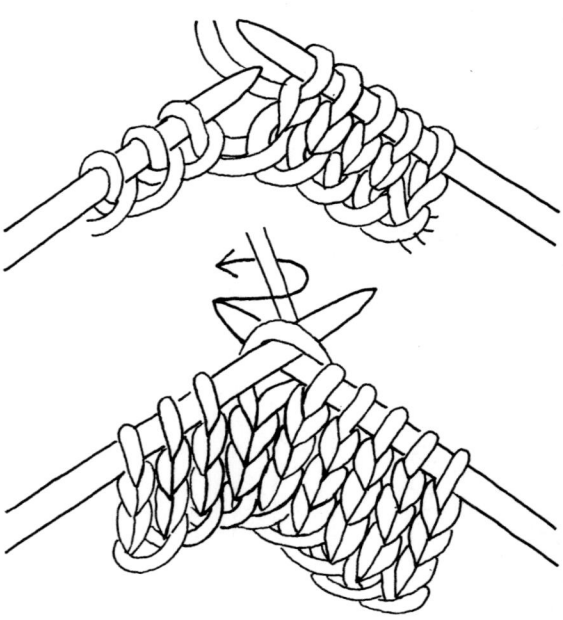

Anschlagen der Maschen

Von unten nach oben in die Daumenschlinge stechen. Das Garn von unten nach oben um die Nadel schlagen und durchziehen. Die Schlinge fallen lassen. Den Daumen auf das Daumengarn legen. Mit der neuen Schlinge die Masche anziehen.

Linke Maschen

Das Garn vor die linke Nadel legen. Von hinten in die Masche stechen. Das Garn von hinten nach vorn um die Nadel schlagen und nach hinten durch die Masche ziehen. Diese von der linken Nadel fallen lassen.

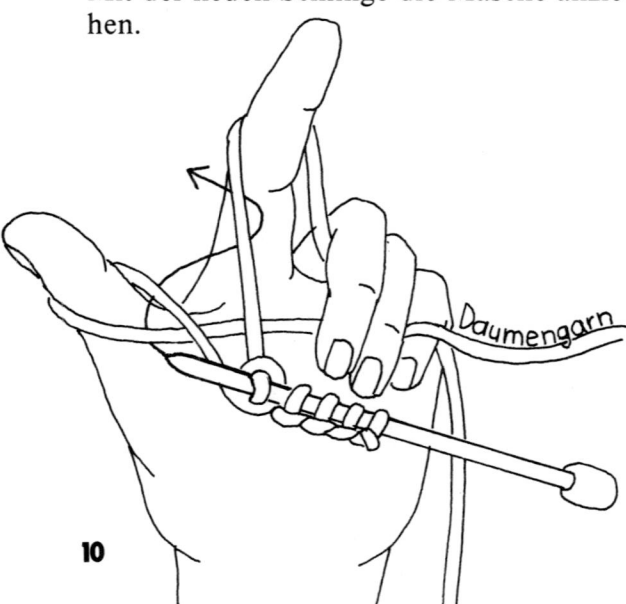

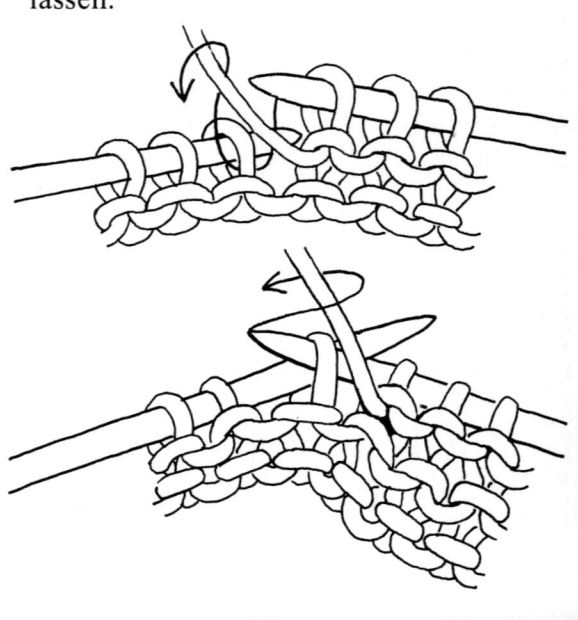

Rippenmuster

Bei diesem Muster wird sowohl auf der Vorder- wie auf der Rückseite rechts gestrickt. Die gerippte Fläche ist in beiden Richtungen stark dehnbar.

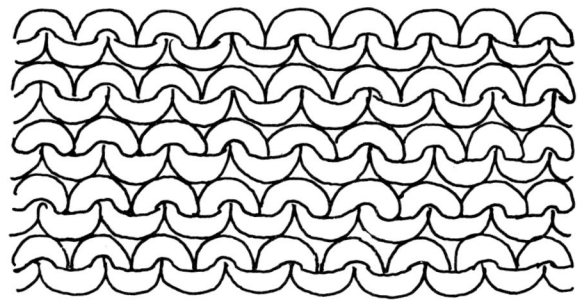

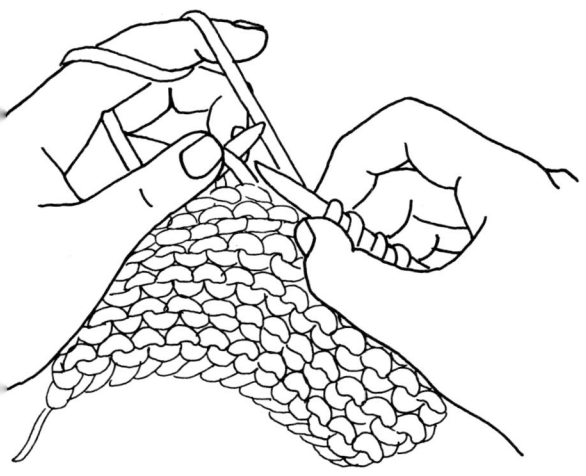

Glatt rechts gemustert

Wenn wir auf der Vorderseite rechte Maschen stricken und auf der Rückseite linke Maschen, so entsteht vorn ein glatt rechtes Muster, auf der Rückseite ein linkes Rippenmuster.

Randabschluss Knötchen

Der einfachste Randabschluss ist der Knötchenrand. Wir stricken die letzte Masche rechts und wenden die Strickarbeit. Nun das Garn unter der Nadel nach hinten führen und die erste Masche rechts abheben.

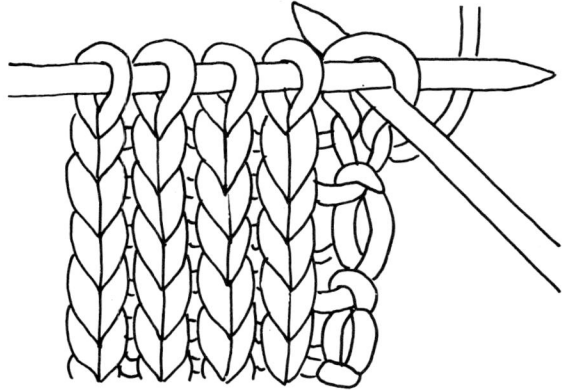

Rundstricken

Zum Rundstricken braucht es in der Regel vier bis fünf Stricknadeln. Um das Herunterfallen der Maschen zu verhindern, die gestrickten Maschen jeweils in die Mitte der Nadel schieben. Die rechte Hand umschliesst beim Stricken die zuletzt gestrickte Nadel. Beim Rechtsstricken entstehen, im Gegensatz zur offenen Strickart, nicht Rippen, sondern ein glatt rechtes Muster.

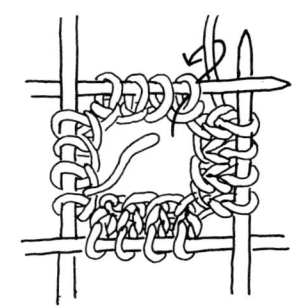

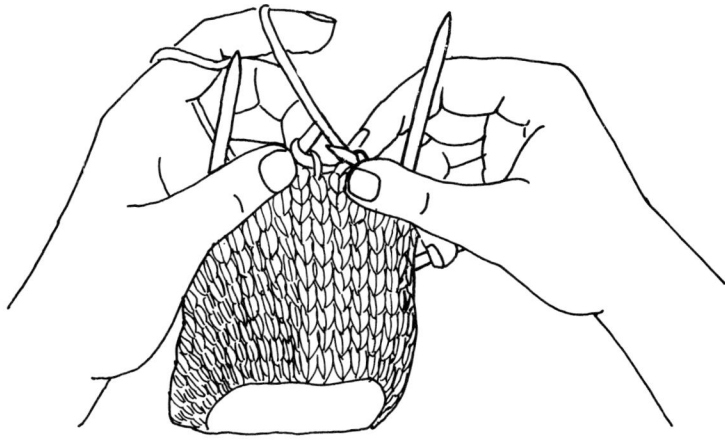

Aufnehmen

Wenn wir eine Masche aufnehmen wollen, fassen wir den Strickfaden zwischen zwei Maschen auf die Nadel und stricken ihn verschränkt ab.

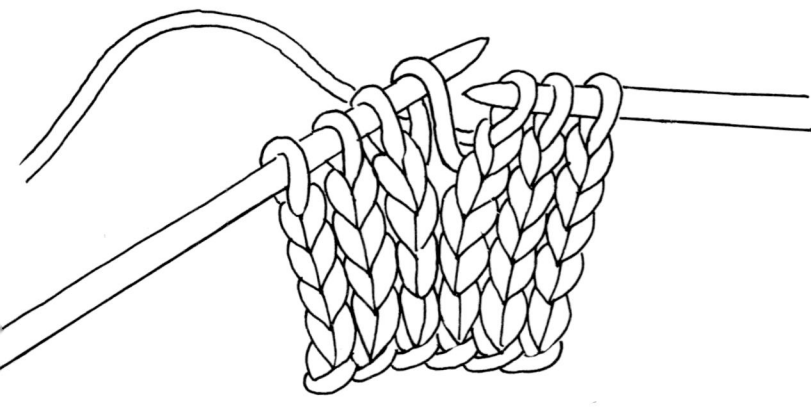

Abketten

Am Anfang der Nadel stricken wir zwei Maschen locker. Die zuerst gestrickte Masche ziehen wir über die zweite. In der Folge je eine Masche stricken und die hintere über die gestrickte ziehen. Bei der letzten Masche ziehen wir das abgeschnittene Garn heraus.

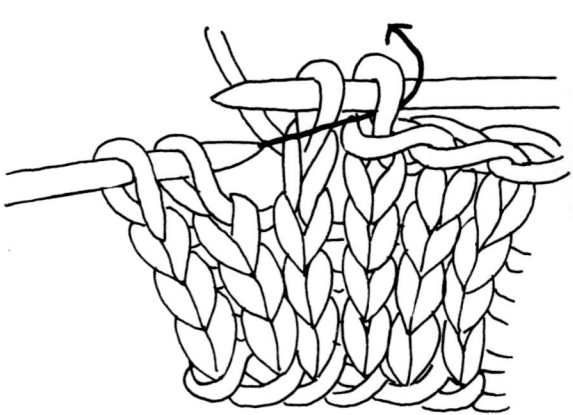

Abnehmen

Eine Masche wird abgenommen, indem man zwei Maschen rechts zusammenstrickt.

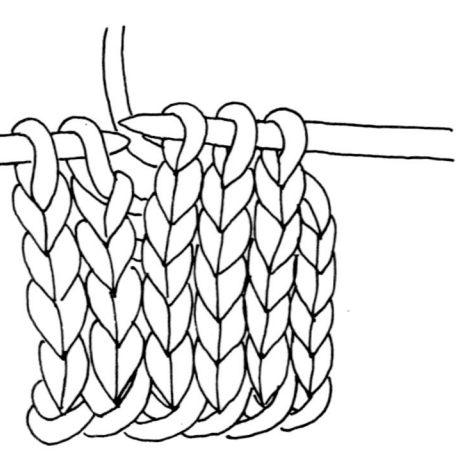

Beim Häkeln muss man die Wahl der Dikke der Häkelnadel auf die Stärke des Garns oder der Wolle abstimmen. Wir fassen die Häkelnadel wie einen Bleistift mit der rechten Hand. Über die linke Hand wird das Garn gelegt wie beim Stricken.

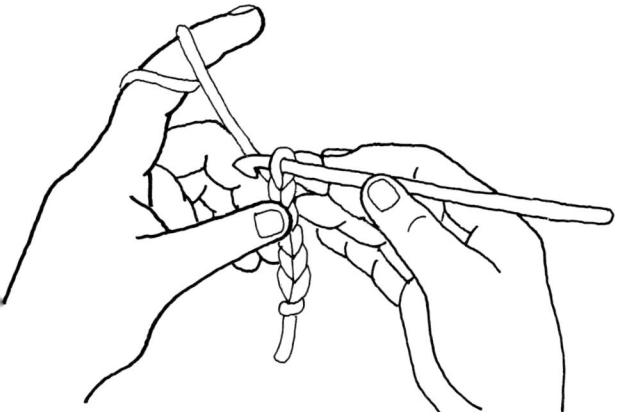

Luftmaschenkette

Für die erste Masche bilden wir mit der linken Hand eine Schlinge, durch die wir mit der Häkelnadel den fortlaufenden Faden holen. Durch diese erste Masche holen wir nun, wie die Zeichnung zeigt, mit der Häkelnadel fortwährend den Arbeitsfaden, den wir straff über den Zeigefinger gewickelt haben. Die entstandene Luftmaschenkette halten wir zwischen Daumen und Mittelfinger fest.

Feste Maschen

Die festen Maschen häkelt man ähnlich wie die Luftmaschen. Wir stechen mit der Häkelnadel in die untere Kette, umschlagen, durchziehen, umschlagen, durch beide Maschen ziehen. So entsteht eine verstärkte Luftmaschenkette.
Mit festen Maschen lassen sich auch die Ränder von gestrickten Gegenständen verstärken.

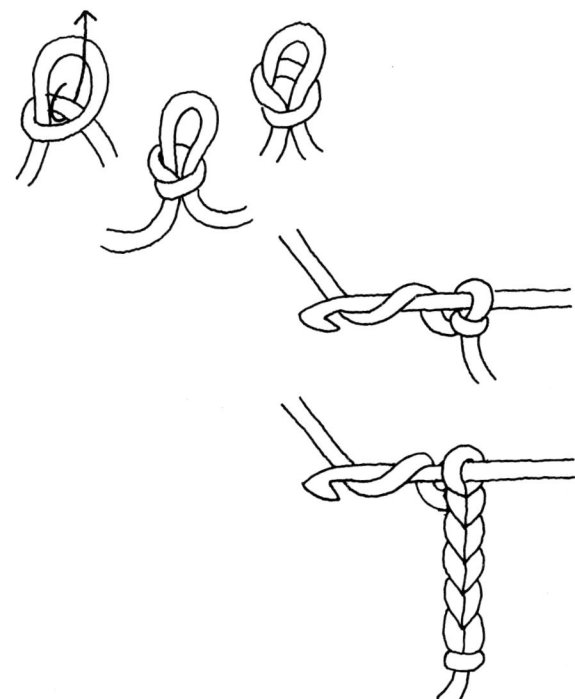

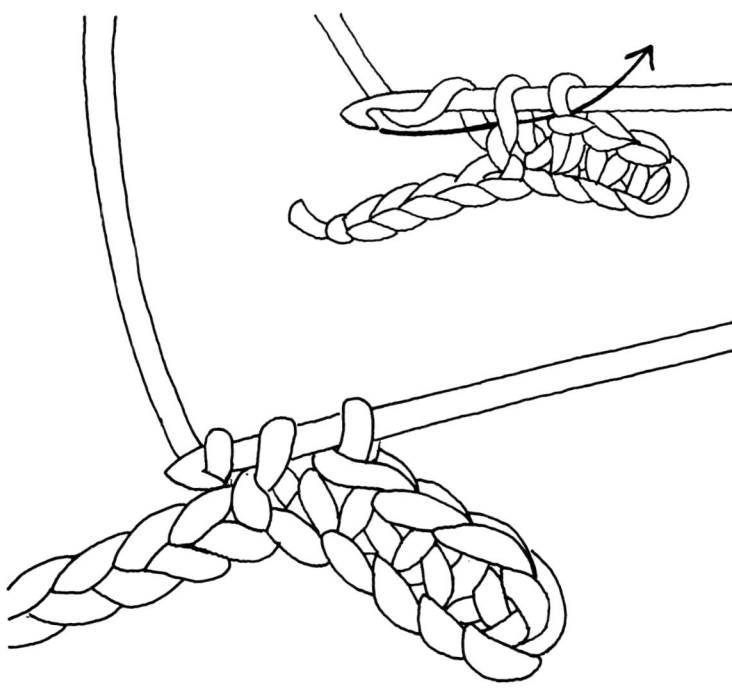

Zwergendecke und Nackenrolle

Guten Abend, gut Nacht,
mit Rosen bedacht,
mit Näglein besteckt,
schlupf unter die Deck.
Morgen früh, wenn Gott will,
wirst du wieder geweckt.

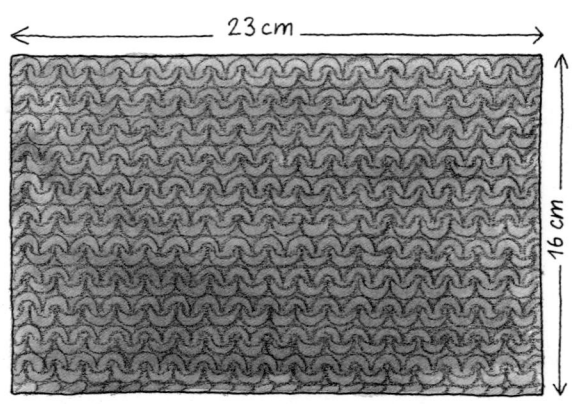

23 cm

16 cm

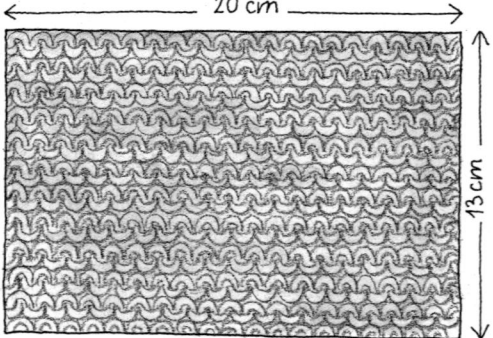

20 cm

13 cm

Wir brauchen:

Eine Schachtel, zirka 18×23 cm, für das Zwergenbett. Dicke Wolle für die Decke und zwei Stricknadeln Nr. 5. Dünnere Wolle für die Nackenrolle und zwei Stricknadeln Nr. 2½.

So wird's gemacht:

Für die Wolldecke, zirka 12×16 cm, schlagen wir 30 Maschen mit den Stricknadeln Nr. 5 an. Wir stricken 20 Rippen hoch, Randabschluss Knötchen. Maschen abketten und Fäden vernähen.

Für die Nackenrolle brauchen wir ein gestricktes Stück von zirka 10×13 cm. Wir schlagen mit der dünneren Wolle und den Stricknadeln Nr. 2½ 40 Maschen an und stricken 30 Rippen hoch, Randabschluss Knötchen. Maschen abketten und Fäden vernähen.

Nun wird die Decke quer eingerollt, und fertig ist die Nackenrolle. Puppenmütter und -väter können jetzt ihre Zwerge weich einbetten und in den Schlaf singen.

Schmetterlinge

Schmetterling, setz dich zu mir,
ich tu dir nichts zuleide.
Ich will nur deine bunten Flügel sehn,
bunte Flügel, meine Freude!

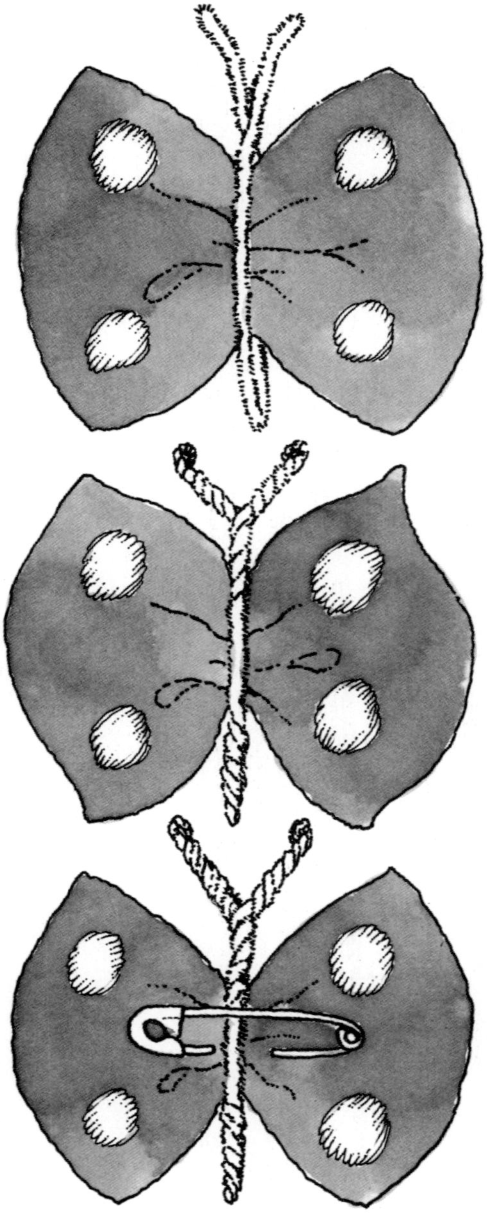

Wir brauchen:

Verschiedenfarbige Wollresten, zwei passende Stricknadeln, Wollnadel zum Vernähen und Verzieren, pro Schmetterling einen Pfeifenputzer und eine Sicherheitsnadel.

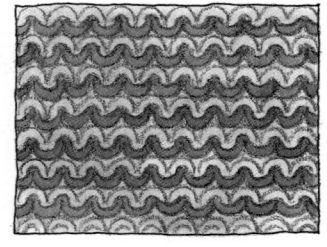

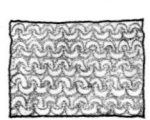
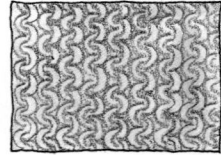

So wird's gemacht:

Je nach Wolldicke und gewünschter Breite des Schmetterlings 10 bis 20 Maschen anschlagen. So lange Rippen stricken mit Knötchenrand, bis fast ein Quadrat entsteht. Maschen abketten, Fäden vernähen. Unsere Schmetterlinge auf dem Schmuckkästchen sind 5, 9 und 12 cm breit. Der kleine rote ist einfarbig gestrickt, der gelbe wurde mit Punkten bestickt und der blaue ist zweifarbig in Rippen gestrickt.
Die Schmetterlingsflügel werden in der Mitte zusammengerafft und so mit dem Pfeifenputzer umwickelt, dass Körper und Fühler entstehen (siehe Abbildung). Damit sich der Schmetterling als Schmuck tragen lässt, befestigen wir auf der Rückseite eine kleine Sicherheitsnadel am Pfeifenputzer.
Auch grüne Zierpflanzen sehen hübsch aus, wenn wir bunte Schmetterlinge darauf legen.

Puppen-Umhängetasche

Regen fällt auf meinen Schirm,
hab' gekauft gedörrte Birn.
Regen fällt auf meine Schuh,
und ich sing' ein Lied dazu.

Wir brauchen:

Wollresten in zwei Farben, zwei Stricknadeln, Wollnadel und Strick-Strick.

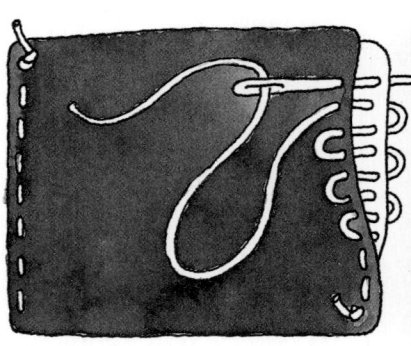

So wird's gemacht:

Für unser Beispiel wurden 22 Maschen
angeschlagen und mit Stricknadeln Nr. 3
14 cm Rippen gestrickt, Randabschluss
Knötchen. Besonders hübsch sieht das
Znünitäschchen aus, wenn wir mit anders-
farbiger Wolle am Anfang und am Ende
der Arbeit einen Streifen von zwei Rippen
einstricken. Maschen abketten. Strickstreifen in die Hälfte legen und beide Seiten
zusammennähen. Als Henkel wird eine
Strick-Strick-Schnur angenäht. Sie sollte
so lang sein, dass das untere Ende des
Znünitäschchens der Puppe bis zum Knie
reicht.
Aus Modelliermasse (Fimo, Schubimehl
oder Darwi) kneten wir Gebäck und
Früchte für die Puppen.

Hühner

Die Henne mit ihrem Gack-gack-gack,
die macht ein gross Geschrei,
das Hänschen weiss wohl, was sie sagt,
und geht und holt das Ei.

Wir brauchen:

Weisse Wolle, rote Wollresten für Kamm
und Schnabel, schwarze Wolle für Augen.
Stopfmaterial, zwei Stricknadeln, Wollnadel.

So wird's gemacht:

So viele Maschen anschlagen, dass sich
ein Quadrat von 10×10 cm stricken lässt.
Wir stricken Rippen, Randabschluss
Knötchen. Maschen abketten, Strickqua-
drat zu einem Dreieck falten und eine Seite zusammennähen. Die andere Seite nur
zur Hälfte schliessen. Nun wird das
Hühnchen gestopft. Kopfteil schliessen
und den Wollfaden gut vernähen. Der
Kamm wird mit roter Wolle direkt auf den
Kopf gehäkelt. Mit drei festen Maschen
und je zwei Luftmaschen dazwischen
(siehe Abbildung). Für den Schnabel häkeln wir 3 cm Luftmaschen, vernähen die
Wollenden, legen den Schnabel in die
Hälfte, nähen ihn in der Mitte am Kopf
des Huhnes fest. Augen aufsticken.

Damit das Huhn eine noch echtere Form
bekommt, ziehen wir vom Dreieckspitz in
der Mitte einen Wollfaden quer durch den
Körper, nähen oben einen kleinen Vor-
stich und vernähen den angezogenen Faden unten beim ersten Einstich (siehe Abbildung).

Mit Bauklötzchen und kleinen Ästen bau-
en wir einen Hühnerhof. Vogelfutter oder
Sonnenblumenkerne dienen als Hühner-
futter. Eier lassen sich aus Modelliermasse formen (Schubimehl, Fimo oder
Darwi).

Seehunde

Wer liebt das Eis?
Wer liebt das Meer?
Wer brüllt wie ein Hund
und findet Schwimmen so gesund?

(Der Seehund)

Wir brauchen:

Restenwolle in verschiedenen Grau-, Schwarz- und Weisstönen. Farbige Wolle für Halsbänder, Augen und Schnauz, zwei Stricknadeln, Wollnadel, Stopfmaterial, eventuell Pappstreifen für den Boden.

So wird's gemacht:

Wir stricken verschieden grosse, quadratische Plätzchen in Rippen, Randabschluss Knötchen. Das grösste Quadrat misst etwa 12×12 cm, das kleinste etwa 5×5 cm. Damit ein Seehund entsteht, Quadrat zu einem Dreieck falten. Eine Seite zusammennähen und die zweite Seite bis zur Hälfte schliessen. Nun wird der Seehund mit Stopfmaterial gefüllt. Damit er besser steht, kann vor dem Stopfen ein 3 cm breiter Pappstreifen eingelegt werden. Nun auch den Kopfteil schliessen. Augen aufnähen, Schnauzhaare einknüpfen und mit Luftmaschen gehäkelte Halsbänder anbringen.

Damit der Seehund sich möglichst in einer «Originallandschaft» vergnügen kann, bauen wir Eisberge aus Styropor und markieren das Meer mit einem Spiegel.

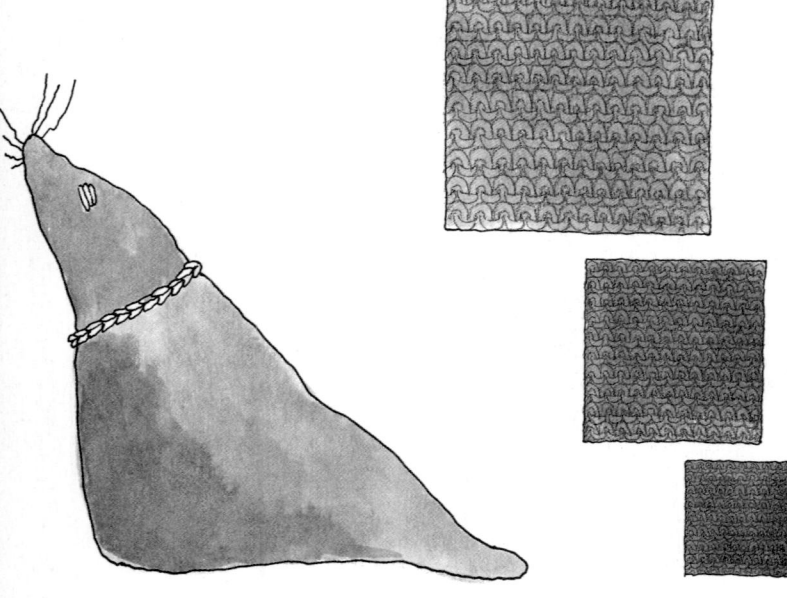

Halstuch und Bärenkappe

Ich bin ein kleiner Pumpernickel,
ich bin ein kleiner Bär,
ich fahre mit dem Luftballon,
ich finde das nicht schwer.
Ich fahre über Berg und Wälder,
ich fahre über Fluss' und Felder,
ich fahre über Scheun' und Haus
und steig am Abend wieder aus.

Wir brauchen:

Wollresten für Stricknadeln Nr. 3½, Wollnadel.

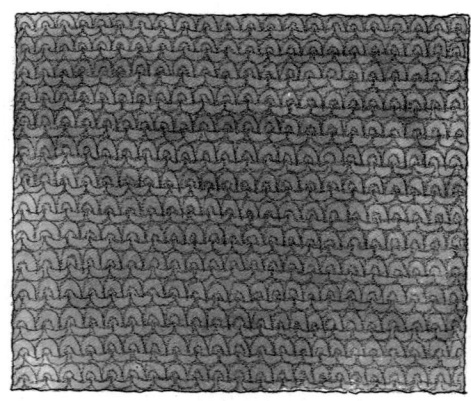

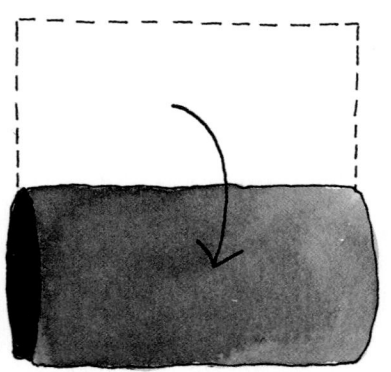

So wird's gemacht:

Fürs Halstuch schlagen wir 10 Maschen
an und stricken einen schmalen Streifen
Rippen, Randabschluss Knötchen. Das
Halstuch soll so lange sein, dass es sich
problemlos um den Hals des Bären schlingen lässt und die Enden bis zur Hüfte rei-
chen. Maschen abketten, Fäden vernähen.
An beiden Enden werden Fransen einge-
knüpft wie Abbildung zeigt.

Die flache Bärenkappe muss am Schluss
so gross sein, dass sie bequem ein Ohr des
Bären bedeckt. Unser Bär im Ballonkörb-
chen trägt eine Mütze von 30 Maschen
Anschlag und 20 Rippen Höhe. Das Gestrickte wird in die Hälfte gefaltet und auf
beiden Seiten zugenäht.

Da kann man nur noch wünschen: Gute
Fahrt, schöne Aussicht und viel Wind um
die Nase!

Babypuppen-Käppchen

Schlaf, Kindlein, schlaf!
Der Vater hüt' die Schaf',
die Mutter schüttelt's Bäumelein,
da fällt herab ein Träumelein.
Schlaf, Kindlein, schlaf!

Wir brauchen:

Baumwollgarn für Stricknadeln Nr. 3½ und Nr. 4, Wollnadel zum Vernähen und Häkelnadel zum Umhäkeln.

So wird's gemacht:

Vor Beginn der Handarbeit wird der Puppe am Kopf Mass genommen: Von der Schläfe bis zur Mitte des Hinterkopfes ergibt sich die Breite des gerippten Strickstreifens. Die Länge des Streifens für das Käppchen ergibt sich aus der Kopfhöhe mal zwei. Unser Puppenbaby-Käppchen entstand aus einem Strickstreifen von 10 cm Breite und 26 cm Länge.

Der abgekettete Rippchenstreifen wird in die Hälfte gelegt, hinten zusåmmengenäht und mit festen Maschen einmal umhäkelt. Zum Binden wird eine 50 cm lange Schnur aus Luftmaschen gehäkelt und unten mit einer Wollnadel ins Käppchen eingezogen.

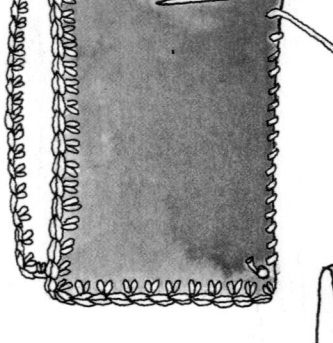

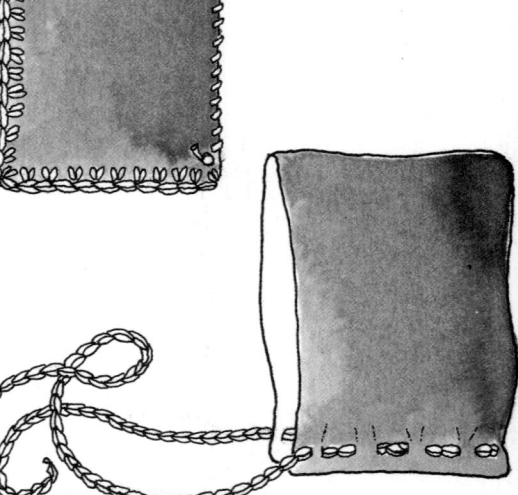

Lätzchen aus Baumwollgarn

Jede Babypuppe ist froh um ein Lätzchen. Als Grundregel gilt, Maschen anschlagen entsprechend der Gesichtsbreite der Puppe. Ein Rechteck stricken in Rippen, Randabschluss Knötchen. Maschen abketten, Fäden vernähen und zweimal mit festen Maschen umhäkeln. Zum Binden häkeln wir beidseitig eine Luftmaschenkette von zirka 25 cm an. Die Lätzchen können auch fantasievoll bestickt werden.

Wickeltuch

Heia, Wiegele!
Auf dem Dach ein Ziegele!
Auf dem Dach ein Schindele!
Trink, mein liebes Kindele!

Wir brauchen:

Zwei Knäuel dickes Baumwollgarn, zwei lange Stricknadeln Nr. 4, Häkelnadel zum Umhäkeln, Wollnadel zum Vernähen.

So wird's gemacht:

Das Wickeltuch aus Baumwollgarn muss locker gestrickt sein. Wir schlagen 62 Maschen an und stricken jeweils im Wechsel sechs Rippen weiss, vier Rippen farbig. Als Randabschluss stricken wir Knötchen. Wenn acht weisse und sieben farbige Streifen da sind, ketten wir die Maschen ab. Fäden vernähen und die Decke zweimal mit festen Maschen umhäkeln.
Für Strickanfänger ist das Wickeltuch eine zu grosse Arbeit. Mutters Strickmithilfe wird hier geschätzt. Auch das Umhäkeln ist eher Sache der Erwachsenen. Doch spielen mit dem fertigen Wickeltuch können schon kleine Kinder! Es sollte eigentlich in keiner Puppenaussteuer fehlen.

Schnurpüppchen

In Bastelgeschäften findet man bewegliche Schnurpüppchen mit Kopf, Händen und Füssen aus Holz. Sie eignen sich ausgezeichnet zum Einkleiden. Die grossen sind 21 cm und die kleinen 15 cm hoch. Unsere drei einfachen Muster lassen sich beliebig kombinieren.

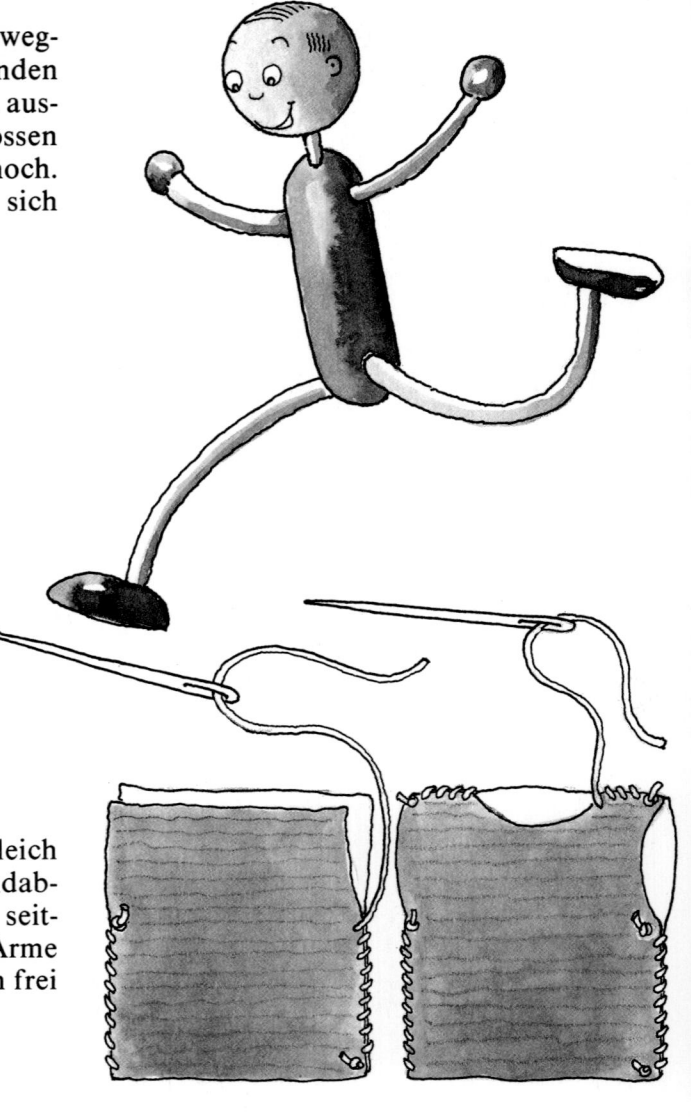

Bluse und Kleid, ärmellos

Wir stricken aus Restenwolle zwei gleich grosse Flicken aus Rippen, Randabschluss Knötchen. Aufeinanderlegen, seitlich und oben zusammennähen. Für Arme und Kopf genügend grosse Öffnungen frei lassen.

Gehhosen und Bermudas

Wir stricken zwei schmale, gleich grosse Streifen in gewünschter Länge und Breite. Alles Rippenmuster, Randabschluss Knötchen. Sie werden längs in die Hälfte gelegt und einzeln auf der Bein-Innenseite zusammengenäht. Am Schluss vordere und hintere Mitte schliessen, damit eine richtige Hose entsteht.

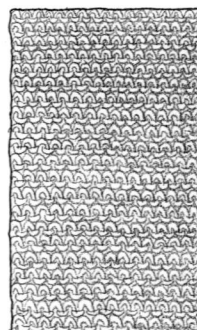
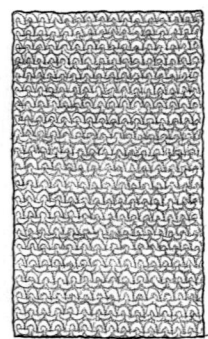

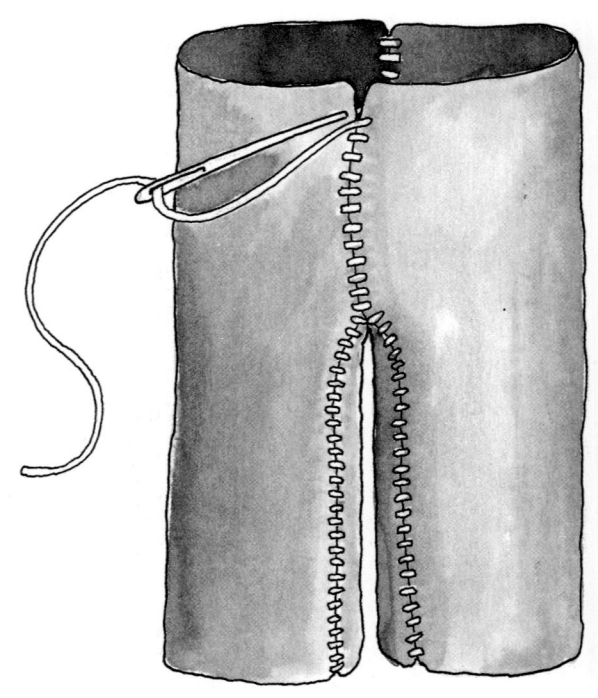

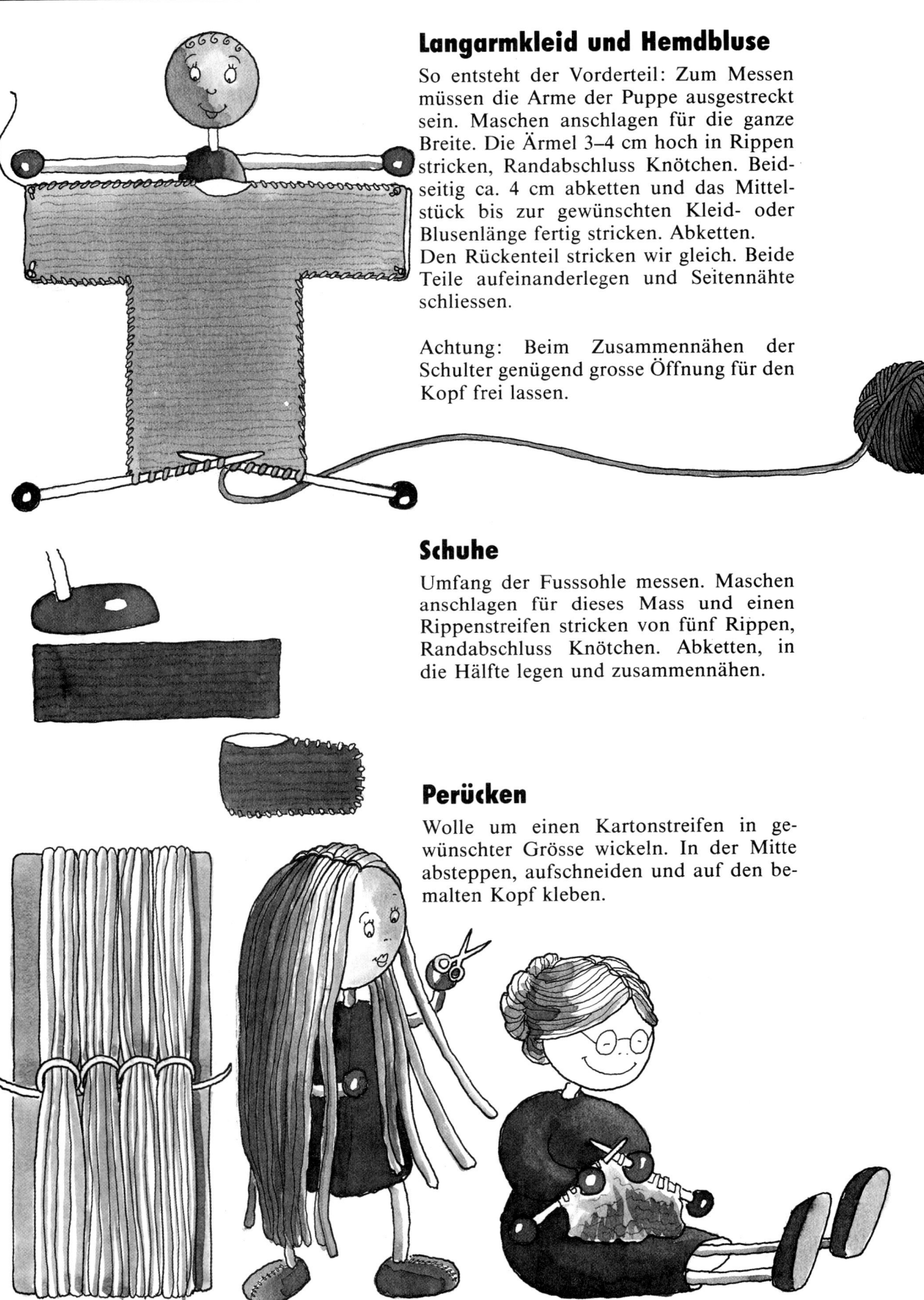

Langarmkleid und Hemdbluse

So entsteht der Vorderteil: Zum Messen müssen die Arme der Puppe ausgestreckt sein. Maschen anschlagen für die ganze Breite. Die Ärmel 3–4 cm hoch in Rippen stricken, Randabschluss Knötchen. Beidseitig ca. 4 cm abketten und das Mittelstück bis zur gewünschten Kleid- oder Blusenlänge fertig stricken. Abketten. Den Rückenteil stricken wir gleich. Beide Teile aufeinanderlegen und Seitennähte schliessen.

Achtung: Beim Zusammennähen der Schulter genügend grosse Öffnung für den Kopf frei lassen.

Schuhe

Umfang der Fusssohle messen. Maschen anschlagen für dieses Mass und einen Rippenstreifen stricken von fünf Rippen, Randabschluss Knötchen. Abketten, in die Hälfte legen und zusammennähen.

Perücken

Wolle um einen Kartonstreifen in gewünschter Grösse wickeln. In der Mitte absteppen, aufschneiden und auf den bemalten Kopf kleben.

Topflappen

Sauerkraut und Rüben,
die haben mich vertrieben,
hätt' meine Mutter Fleisch gekocht,
wär ich geblieben.

Wir brauchen:

Dickes Baumwollgarn in zwei Farben, Stricknadeln Nr. 4, eine Wollnadel zum Vernähen, eine Häkelnadel zum Umhäkeln.

So wird's gemacht:

Maschen anschlagen für ein Quadrat von 16 cm Breite. 16 cm hoch Rippen stricken, Randabschluss Knötchen. Maschen abketten, Fäden vernähen und mit festen Maschen umhäkeln. Ein zweites gleich grosses Quadrat stricken. Auch dieses mit festen Maschen umhäkeln. Zum Schluss die umhäkelten Quadrate aufeinanderlegen und die beiden oberen Ränder mit einer Reihe fester Maschen zusammenhäkeln. Nicht vergessen, 'in der Mitte mit einer Luftmaschenkette einen Aufhänger zu häkeln. Wir verstärken ihn mit festen Maschen (siehe Abbildung).

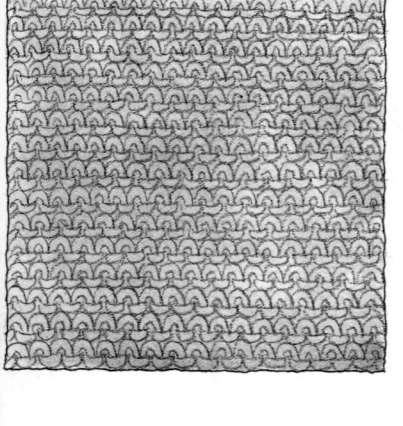

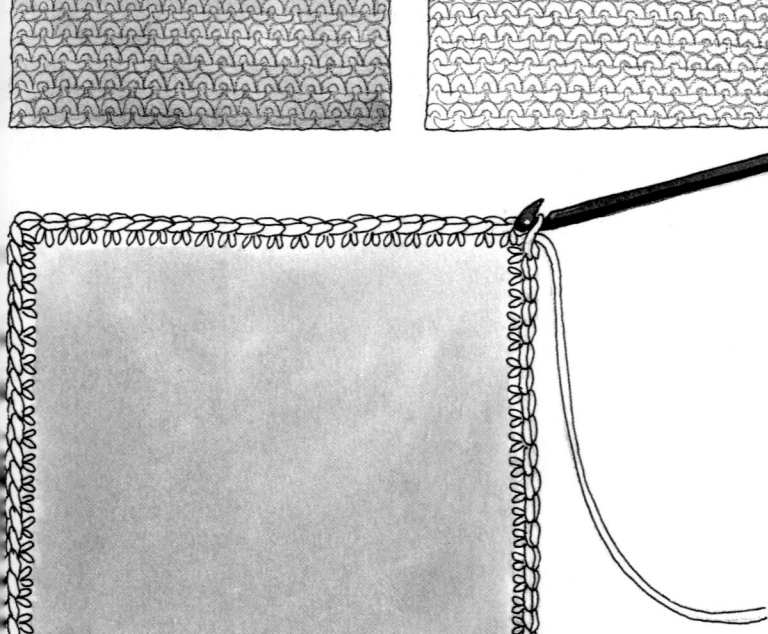

Eierwärmer

Wide-wide-wenne,
heisst meine Puthenne.
Kann-nicht-ruhn,
heisst mein Huhn.

Wir brauchen:

Gelbe und weisse Wolle, Stricknadeln, Wollnadel, Häkelnadel, roten Filz für den Schnabel, rote und schwarze Wolle für Kamm und Augen, evtl. auch Glasperlen, etwas Watte.

So wird's gemacht:

Für ein fertiges Eierwärmer-Hühnchen von 7½ cm Breite und 5½ cm Körperhöhe schlagen wir 36 Maschen an und stricken 13 Rippen hoch, Randabschluss Knötchen. Damit wir den Kopf stricken können, ketten wir anfangs der Nadel neun Maschen ab und stricken dann die Nadel zu Ende. Auf der Rückseite die ersten neun Maschen wieder abketten. Die mittleren 18 Maschen stricken wir sieben Rippen hoch, abketten. Eierwärmer in die Hälfte legen, die Kanten zusammennähen. Eventuell Kopf leicht ausstopfen und Hals abnähen.

Augen aufsticken und Schnabel aus Filzstoff annähen. Den Kamm des Hahnes direkt am Kopf anhäkeln.

Noch satter lässt sich der Eierwärmer über das Frühstücksei stülpen, wenn wir nach dem Anschlagen die ersten sechs Nadeln zwei Maschen rechts, zwei Maschen links stricken. Dem Hahn kann auch eine Wollzottel als Schwanz eingezogen werden.

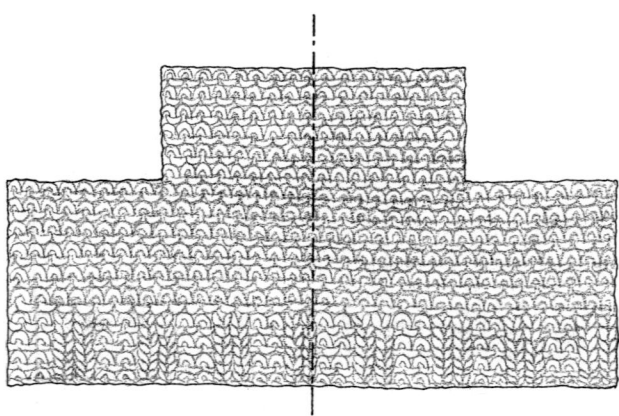

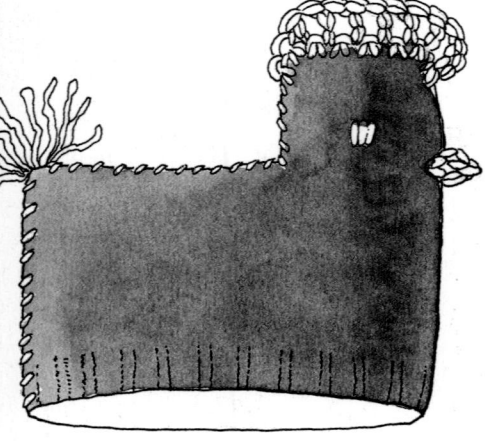

Kleiderbügel

Wir brauchen:

Baumwollgarn- oder Wollresten, zwei Stricknadeln, Wollnadel, Holzkleiderbügel mit ausdrehbarem Haken.

So wird's gemacht:

Ein Kleiderbügel mit gestricktem Überzug ist ein praktisches Geschenk. Diese Arbeit, von einer Anfängerin oder einem Anfänger im Stricken, wird von Grossmutter, Pate oder Tante gewiss gewürdigt. Das Streifenstricken für den Kleiderbügelüberzug ist fast wie ein Spiel, wenn verschiedenfarbige Streifen in bunter Anordnung gestrickt werden.

Als einfachste Variante stricken wir einen gerippten Streifen.

Schwieriger, aber interessanter wird es, wenn wir jeweils fünf Rippen stricken. Dann mit einer neuen Farbe acht Reihen stricken, auf der Vorderseite rechts und auf der Rückseite links. So entstehen abwechslungsweise Rippenmuster und rechte glatte Flächen.

Als dritte Variante lässt sich auch ein ganz glatter Streifen stricken. Jeweils vorn eine Reihe rechte Maschen und auf der Rückseite eine Reihe linke Maschen. Randabschluss durchgehend mit Knötchen. Damit die Kleider von dem fertigen Bügel nicht abrutschen, stricken wir für beide Enden und die Mitte einen Kontraststreifen von je zirka 8–12 Rippen. Diese werden am Schluss über den fertig bezogenen Kleiderbügel genäht (siehe Abbildung).

Zum Überziehen des Kleiderbügels drehen wir den Haken aus und nähen den Streifen auf der unteren Seite des Bügels zusammen. An den Enden etwas strecken. Faden vernähen und Haken wieder einschrauben.

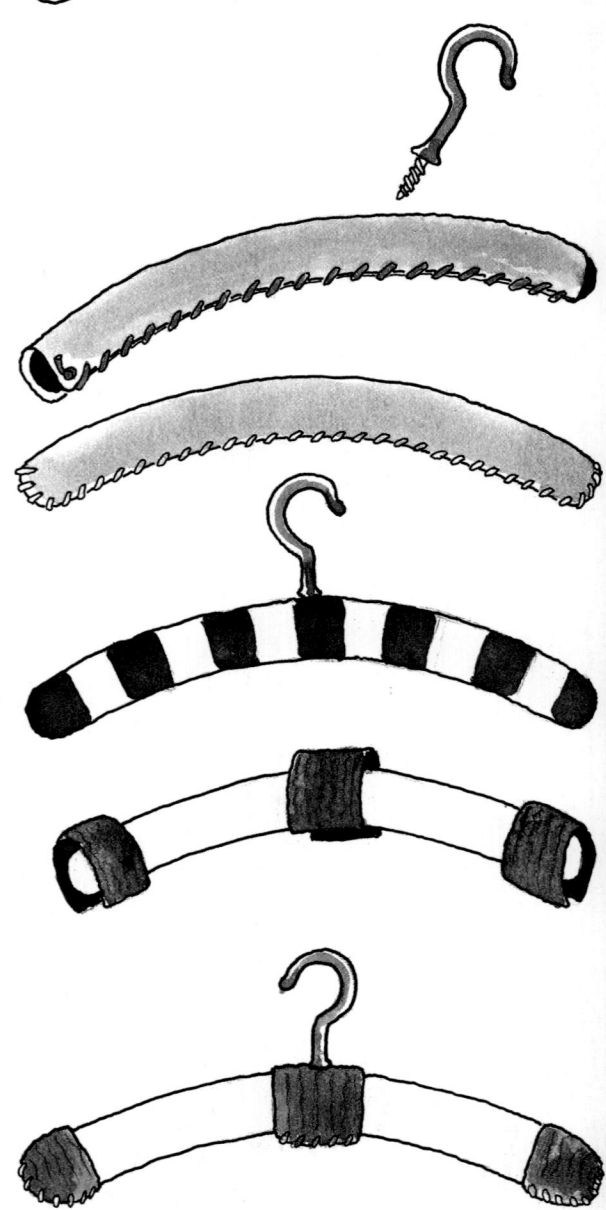

Gespenst

Schlossgespensterchen
tanzen vor dem Fensterchen,
flitzen durch die Luft,
verschwinden in der Gruft,
schweben übers Moor,
klopfen an das Tor,
reiten auf dem Schimmel,
hoch hinauf zum Himmel!

Wir brauchen:

Baumwollgarn, das sich mit Stricknadeln Nr. 4½ stricken lässt, Wollnadel, Watteköpfchen (erhältlich im Bastelgeschäft), Wollresten für die Haare und Leim zum Aufkleben, vier Kugelglöckchen, Gummifaden, grosser Knopf.

So wird's gemacht:

Wir schlagen mit Baumwollgarn 40 Maschen auf Stricknadeln Nr. 4½ an und stricken so lange Rippen, bis ein Quadrat entsteht. Randabschluss Knötchen. Maschen abketten. (Unser Gespensterkleid war 23×23 cm gross.) An allen vier Ecken befestigen wir kleine Kugelglöckchen. In der Mitte des gestrickten Quadrates nähen wir ein Wattekügelchen als Kopf an und kleben Wollfäden als Perücke auf. Von der Rückseite des Strickquadrats durch den Kopf einen etwa 30 cm langen Gummifaden ziehen und an einen grossen Knopf befestigen.
Wer lässt das Gespenst nun lustig am Faden hüpfen, springen, laufen, schweben? Jedesmal, wenn es mit den Glöckchen die Tischplatte berührt, scheppert und klingelt es fröhlich.

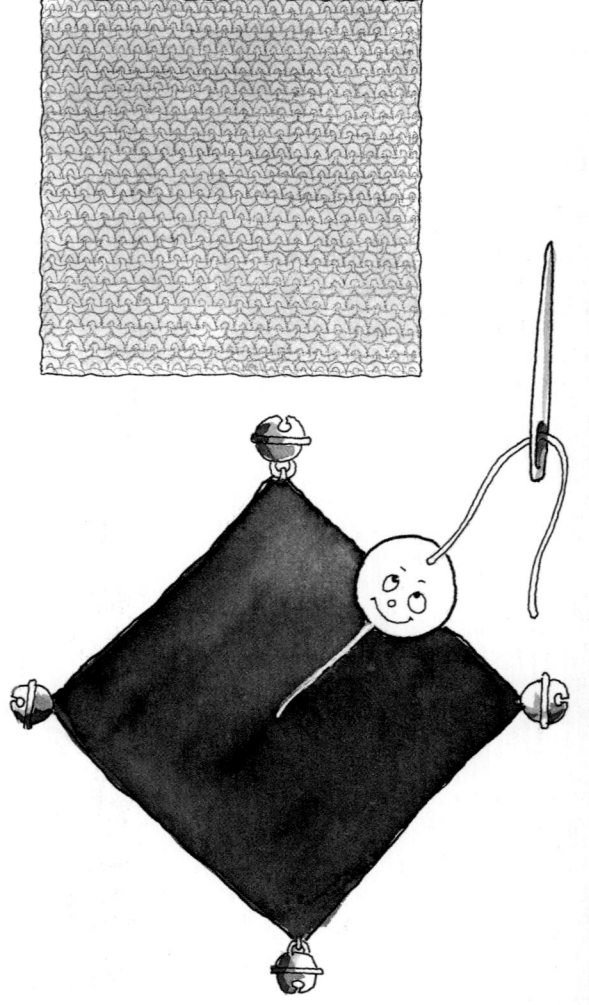

Bärenweste

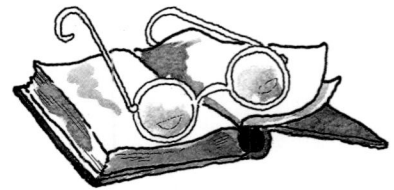

Ich habe einen Teddybär,
der liest mir alle Bücher leer.
Wir hüpfen singend durch das Haus
und denken uns Geschichten aus.

Wir brauchen:

Dicke Wolle für zwei Stricknadeln Nr. 4½,
Wollnadel.

So wird's gemacht:

Die Bären auf dem Bild sind 33 cm gross.
Für sie strickten wir Westen. Sie entstanden aus einem rechteckigen Rückenteil
von 20×14 cm und zwei Vorderteilen von
10×14 cm.
Anschlag für den Rückenteil 32 Maschen
mit Nadeln Nr. 4½. Noch 14 cm Rippen
stricken, Randabschluss Knötchen. Maschen abketten. Anschlag für die Vorderteile je 18 Maschen. 14 cm hoch Rippen
stricken, Randabschluss Knötchen. Maschen abketten.
Die zwei Vorderteile auf den Rückenteil
legen und die Seitennähte von unten
6,5 cm zunähen. Bei beiden Schultern je
4 cm zunähen (siehe Abbildung).

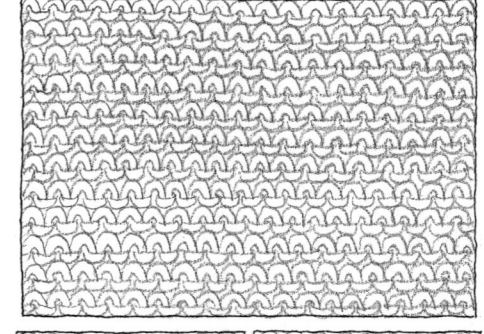

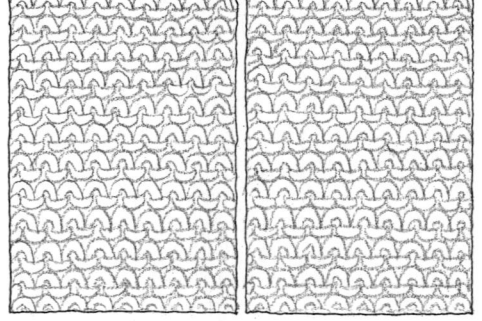

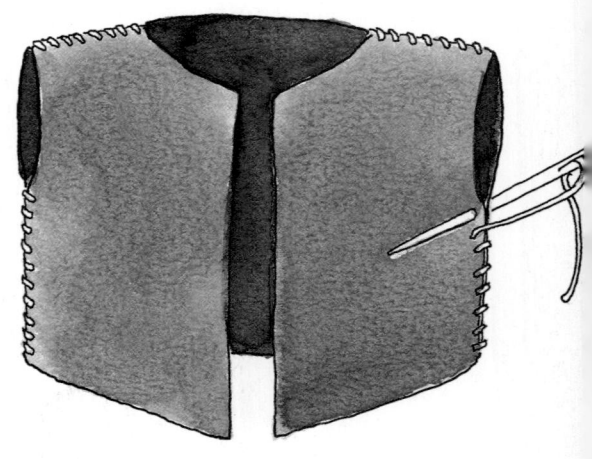

Flicken-Decke

Ich will dir mal was sagen
von 'nem alten Wagen.
Wenn er keine Räder hat,
kann er nicht mehr fahren.

Wir brauchen:

Verschiedenfarbige Wolle für Stricknadeln Nr. 3½, Wollnadel zum Vernähen, Häkelnadel zum Umhäkeln.

So wird's gemacht:

Für unsere Flicken-Decke brauchen wir 12 gleich grosse Flicken (zirka 10 cm hoch und 11 cm breit). Wir schlagen jeweils 24 Maschen an und stricken 22 Rippen, Randabschluss Knötchen. Danach Maschen abketten. Flicken bunt gemischt zusammennähen, drei in der Breite, vier in der Höhe. Am Schluss Puppendecke zweimal mit festen Maschen umhäkeln.
Unsere Musterdecke ist 32×42 cm gross geworden.

Die Puppen und Bären werden sich freuen, beim nächsten Spaziergang warm eingepackt durch die Gegend zu fahren.

Puppenmütze

Wir brauchen:

Zwei verschiedene Wollresten in passender Farbe, zwei Stricknadeln, eine Wollnadel, ein Stück Karton für den Pompon.

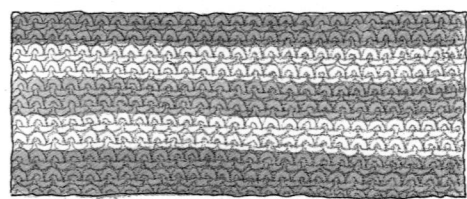

So wird's gemacht:

Wenn eine Puppe 35 cm Kopfumfang hat, brauchen wir für die Mütze ein gestricktes Stück von zirka 36 cm Breite und 14 cm Höhe. Wir haben 60 Maschen angeschlagen und 14 cm in Rippen gestrickt, Randabschluss Knötchen. Als Garnitur stricken wir zwei andersfarbige Streifen von je drei Rippen. Während des Abstrickens der letzten Nadel stricken wir zum Abnehmen immer zwei Maschen rechts zusammen. Das Endgarn durch die restlichen 30 Maschen ziehen, zusammenziehen, vernähen und die Seitennaht der Mütze schliessen. Oben als Mützenabschluss einen Pompon annähen.

Pompon:

Aus Pappe zwei gleich grosse Kreise ausschneiden wie Abbildung zeigt. Die Kreise übereinander legen, das Ende eines Wollknäuels in eine Wollnadel einfädeln. Die Pappscheiben in mehreren Lagen mit Wolle umwickeln, bis sie ganz bedeckt sind. Jetzt wird die Wolle am äussersten Rand aufgeschnitten, Pappscheiben sorgfältig auseinanderziehen und nun in der Mitte fest umwickeln und abbinden, wie Abbildung zeigt.

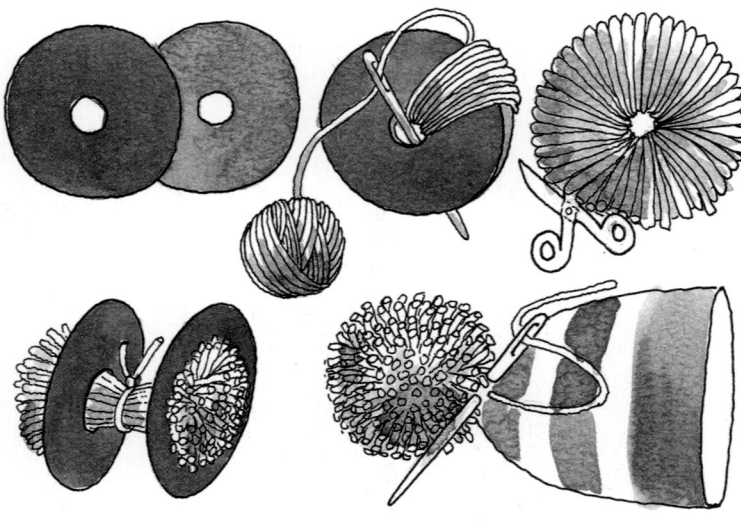

Langarmpullover

Es gibt ein gutes Süppchen,
mit hunderttausend Mücken,
mit Flöhen gesalzen,
mit Läusen geschmalzen,
mit Wanzen gespickt,
so ist es fein zusammengestrickt.

Wir brauchen:

Wolle, die sich mit Stricknadeln Nr. 4½ verstricken lässt, Wollnadel.

So wird's gemacht:

Langarmpullover für Puppen sind einfach zu stricken. Wir brauchen zwei gleich grosse Teile für Rücken- und Vorderseite sowie zwei gleich grosse Teile für die Ärmel. (Siehe Abbildung.) Für unsere Stupsi-Puppe auf dem Bild, sie ist 38 cm gross, haben wir die Körperteile 16×12 cm gross gestrickt und die Ärmel 13×7 cm. Für Rücken- und Vorderteil haben wir je 28 Maschen angeschlagen und mit Stricknadeln Nr. 4½ 12 cm hoch Rippen gestrickt, Randabschluss Knötchen. Für die Ärmel haben wir je 22 Maschen angeschlagen und 7 cm hoch gestrickt. Die Seitennähte von Vorder- und Rückenteil sowie die Ärmel werden dann zusammengenäht. Die Schultern auf beiden Seiten je 3 Maschen breit schliessen, damit eine genügend grosse Öffnung für den Kopf entsteht. Anschliessend Ärmel einnähen wie auf der Abbildung ersichtlich.

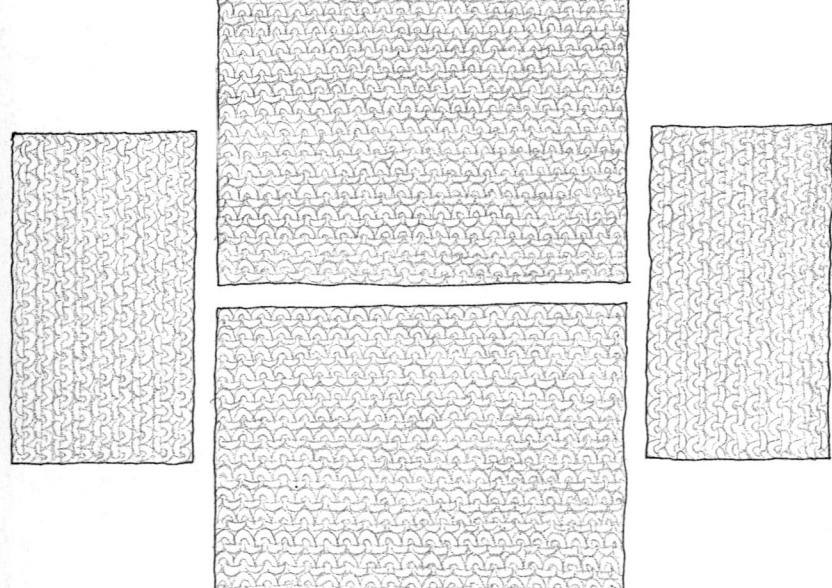

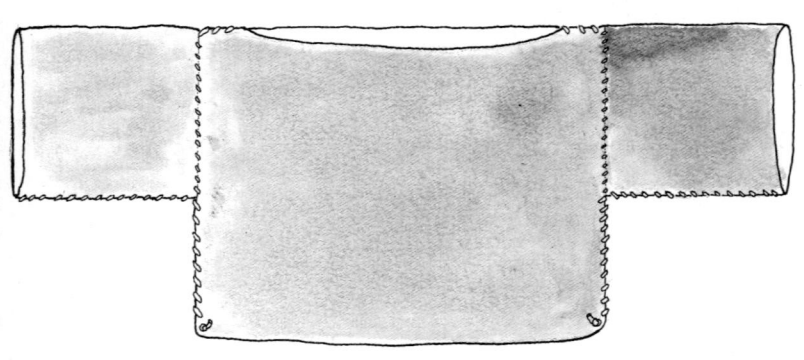

Puppenjacke

Mein Spaniel
heisst Daniel,
das freut uns alle beide.
Wär Daniel
ein weisser Spitz,
dann hiess' er sicher Fritz.

Wir brauchen:

Verschiedenfarbige Wolle für Stricknadeln Nr. 4 bis Nr. 4½, Häkelnadel, Wollnadel.

So wird's gemacht:

Dieses Grundmuster ist einfach. Wir strikken wie beim Bären-Gilet einen rechteckigen Rückenteil und zwei Vorderteile, wie Abbildung zeigt. Dazu brauchen wir noch Ärmel wie beim Langarmpullover. Für unsere 50 cm grosse Puppe stricken wir eine Jacke mit folgenden Massen: Rückenteil 23 cm breit und 18 cm hoch. Vorderteile 12 cm breit und 18 cm hoch. Ärmel 16 cm breit und 12 cm hoch. Die Jacke ist ganz im Rippenmuster gestrickt, Randabschluss Knötchen.

Wir haben verschiedenfarbige Streifen gestrickt. Damit das Muster beim Zusammennähen aufgeht, Rippen bei jedem Farbwechsel genau abzählen. Strickanfänger werden durch das Einstricken von zu vielen Farben verwirrt. Viel einfacher ist es, wenn jeder Teil in einer andern Farbe gestrickt wird. So entsteht eine lustig bunte Jacke.

Am Schluss wird die Jacke zusammengenäht wie Abbildung zeigt und in Kontrastfarbe mit festen Maschen umhäkelt.

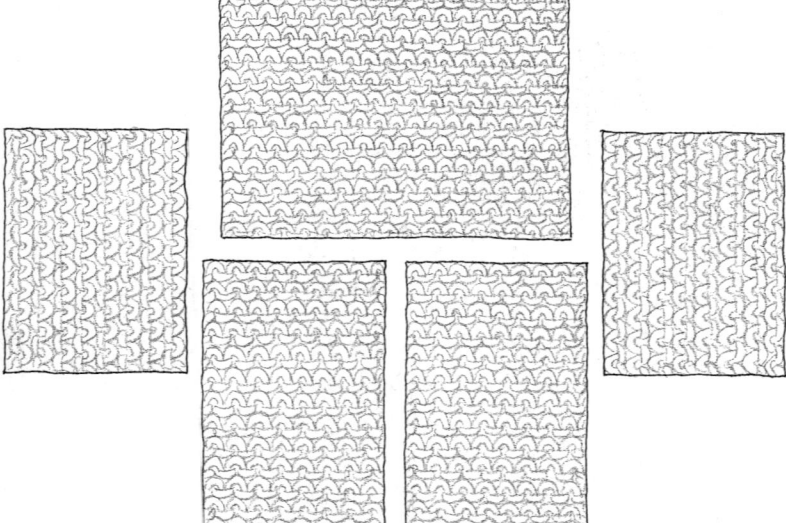

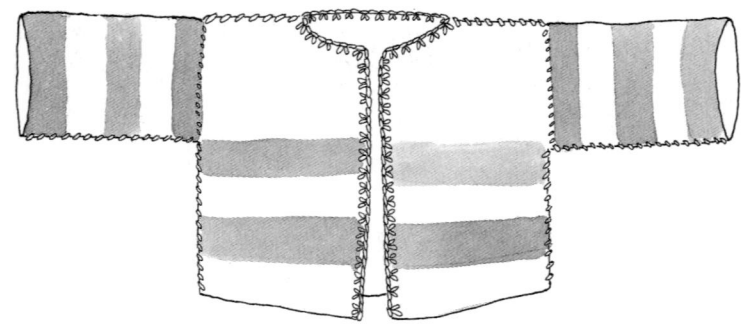

Katzen

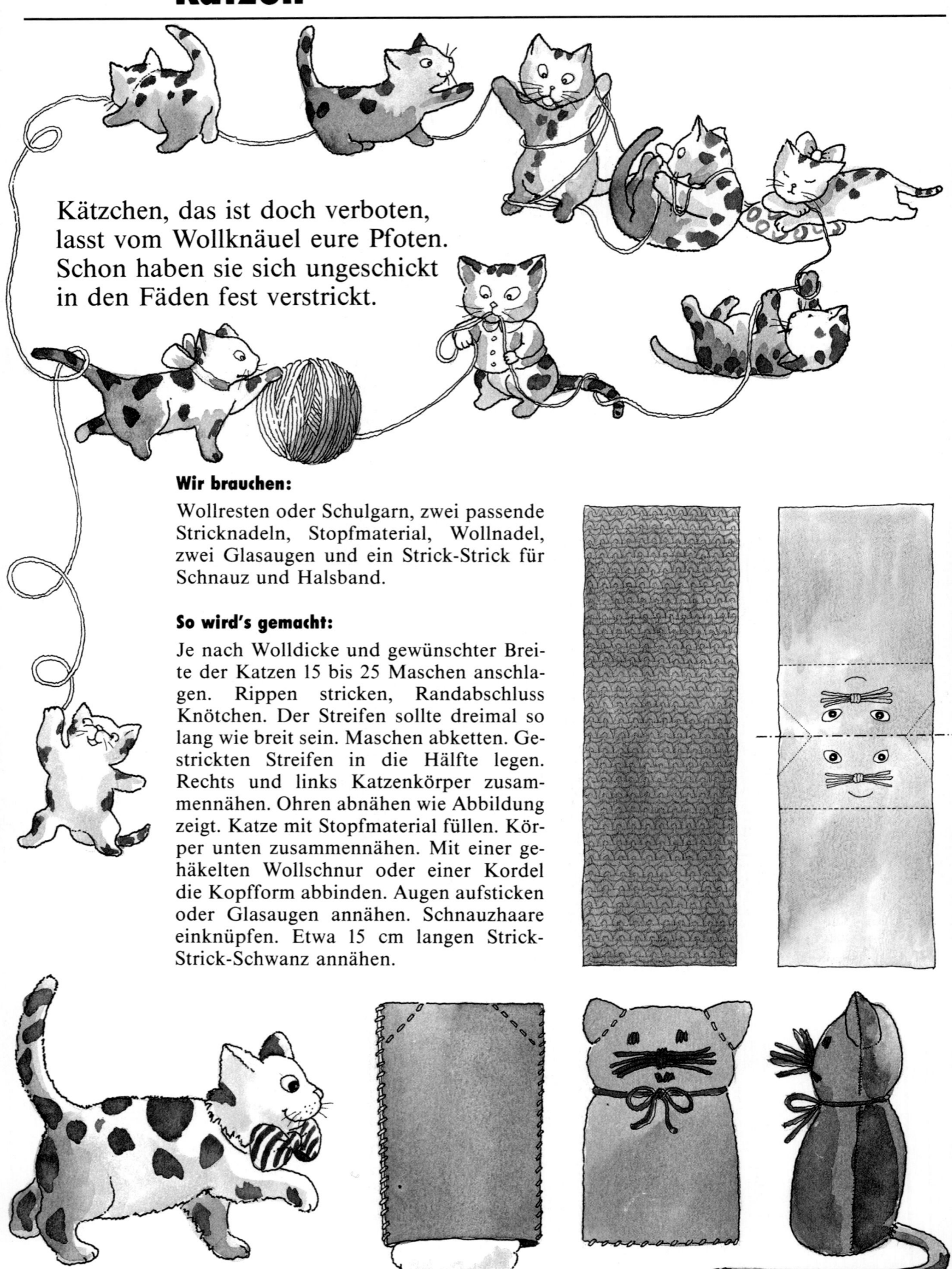

Kätzchen, das ist doch verboten,
lasst vom Wollknäuel eure Pfoten.
Schon haben sie sich ungeschickt
in den Fäden fest verstrickt.

Wir brauchen:

Wollresten oder Schulgarn, zwei passende Stricknadeln, Stopfmaterial, Wollnadel, zwei Glasaugen und ein Strick-Strick für Schnauz und Halsband.

So wird's gemacht:

Je nach Wolldicke und gewünschter Breite der Katzen 15 bis 25 Maschen anschlagen. Rippen stricken, Randabschluss Knötchen. Der Streifen sollte dreimal so lang wie breit sein. Maschen abketten. Gestrickten Streifen in die Hälfte legen. Rechts und links Katzenkörper zusammennähen. Ohren abnähen wie Abbildung zeigt. Katze mit Stopfmaterial füllen. Körper unten zusammennähen. Mit einer gehäkelten Wollschnur oder einer Kordel die Kopfform abbinden. Augen aufsticken oder Glasaugen annähen. Schnauzhaare einknüpfen. Etwa 15 cm langen Strick-Strick-Schwanz annähen.

Wurfball

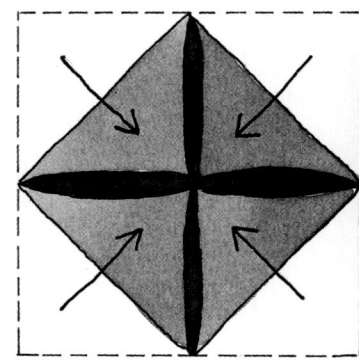

Wir brauchen:

Baumwollgarn zum Verstricken mit Stricknadeln Nr. 3½–4, Wollnadel, Stopfmaterial, eventuell kleine runde Glöckchen.

So wird's gemacht:

Wir stricken ein geripptes Quadrat von zirka 14×14 cm. Anschlag 30 Maschen. Rippen stricken, Randabschluss Knötchen. Sobald das gestrickte Stück quadratisch ist, abketten. Das Quadrat zusammenlegen wie Abbildung zeigt. Drei Seiten des eingeschlagenen Quadrates zunähen. Durch das offene Stück stopfen und auch diesen Teil gut zunähen.

Jetzt häkeln wir zwei, drei andersfarbige Fäden mit Luftmaschen, zirka 75 cm lang. Die Fäden im Kreuz um den Ball knüpfen und annähen, wo sich alle vier eingeschlagenen Ecken berühren. Damit der Wurfball lustig klingelt beim Fliegen, nähen wir an den Enden von ein, zwei Fäden Glöckchen an. Das Wurfspiel kann beginnen! Wer schafft den weitesten Wurf?

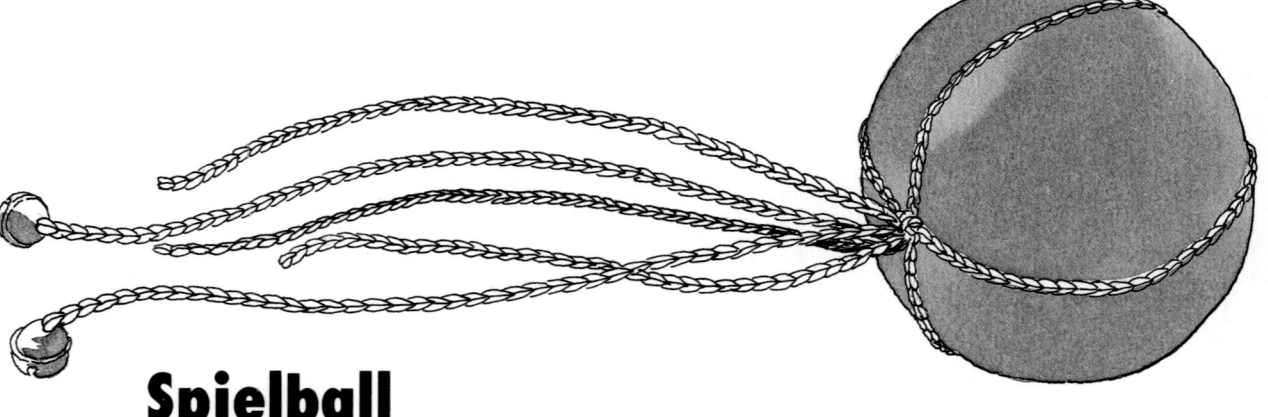

Spielball

Wir brauchen:

Wollresten oder Baumwollgarn, Stricknadeln Nr. 2½, Wollnadel, Stopfmaterial.

So wird's gemacht:

Die einfachste Art, einen Ball aus Strickmaterial zu machen, ist, einen Streifen zu stricken, zirka 11×22 cm. Damit das Stopfmaterial nicht durchdrückt, sollte er mit dünnen Nadeln satt gestrickt sein! Den Streifen seitlich zusammennähen, oben und unten zusammenziehen. Anstelle des Stopfmaterials kann man den Strickstreifen auch über einen Schaumgummiball ziehen.

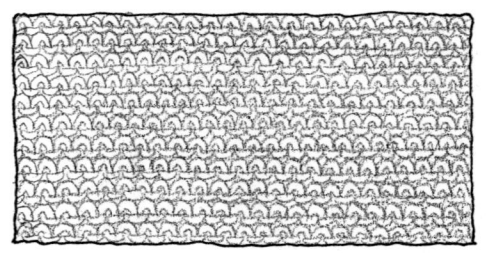

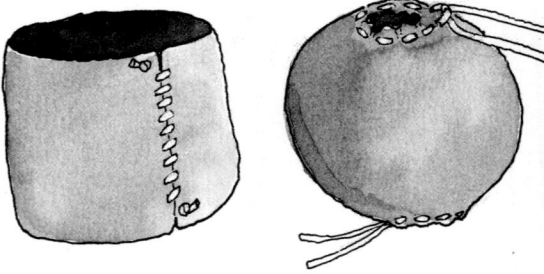

Umhängetäschchen

Baumwollgarn in verschiedenen Farben, zwei passende Stricknadeln, Wollnadel, Glasperlen, Knöpfe, Strick-Strick oder Häkelnadel.

So wird's gemacht:

Einfaches Täschchen

20 Maschen mit grünem Garn anschlagen und vier Rippen stricken. Mit orangem Garn sieben Reihen hoch glatt rechts stricken. (Vorderseite rechte Maschen, Rückseite linke Maschen.) Dann zwei Rippen stricken. Dieses Muster, glatte Flächen und Rippen, wiederholen wir sechsmal. Als Abschluss vier Rippen mit grünem Garn stricken. Maschen abketten. Der Rand wird immer mit Knötchen gestrickt. Den gestrickten Streifen in die Hälfte legen. Die Seiten zusammennähen. Zum Umhängen wird eine Luftmaschenschnur gehäkelt, mit festen Maschen verstärkt, oder eine Strick-Strick-Schnur angefertigt. Die Schnur sollte etwa 75 cm lang sein und an den Seitennähten des Täschchens befestigt werden. Am Schluss besticken wir das Täschchen mit Glasperlen.

Umhängetäschchen mit Verschluss

Die Kinder wählen Garn in ihrer Lieblingsfarbe und stricken Streifen mit unterschiedlichen Strukturen: von Rippen und glatt Gestricktem. Damit ein Verschluss entsteht, Streifen etwas länger stricken, so dass ein Ende über das Täschchen geklappt werden kann. Den Verschlussteil lustig besticken. Einen oder zwei Knöpfe annähen. Mit Luftmaschen Verschlussschlingen häkeln.
Die Täschchen sehen besonders hübsch aus, wenn wir an beiden unteren Enden noch Quasten einknüpfen.

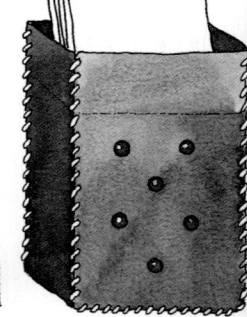

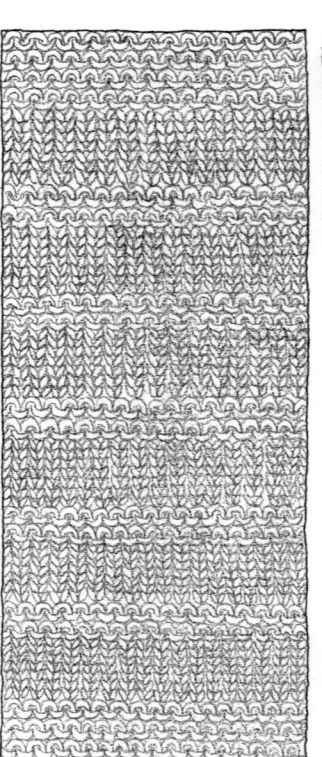

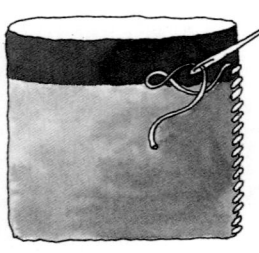

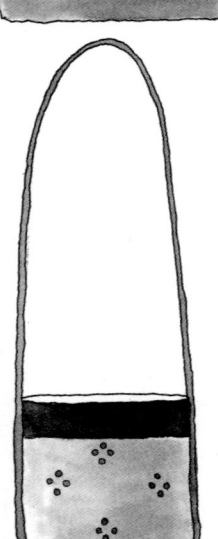

Täschchen für Papiertaschentücher

Wir stricken zwei Seitenstücke von 6×11 cm und einen Seitenstreifen von 3×29 cm (siehe Abbildung). Für unser Beispiel wurden die Rückseite und der Seitenstreifen aus hellblauem Baumwollgarn in Rippen gestrickt. Für die Vorderseite wurden neun Rippen gestrickt, dann ein rechtes, glattes Stück (Vorderseite rechts, Rückseite links) und als Abschluss wieder zwei Rippen. Zusammennähen wie Abbildung zeigt. Als Verzierung besticken wir die Vorderseite mit sieben Perlen.

Pulswärmer aus Garn

Verschiedenfarbiges Baumwollgarn, zwei Stricknadeln, Wollnadel zum Sticken.

So wird's gemacht:

Der Handgelenkumfang bestimmt die Länge unseres Strickstreifens, ca. 15 cm. Die Breite stricken wir nach Wunsch. In unserem Fall sind es 7 cm. 16 Maschen in der gewünschten Grundfarbe anschlagen und drei Rippen stricken.

Jetzt folgt ein glattes, rechtes Stück von sechs Nadeln. (Auf der Vorderseite rechte, auf der Rückseite linke Maschen stricken.)

Nun stricken wir ein schmales Muster von zwei Rippen. (Auf der Vorderseite eine Reihe links, auf der Rückseite eine Reihe rechts stricken.)

Wieder sechs Nadeln glatt rechts stricken. Dann folgen drei Rippen. Das Muster so lange fortsetzen, bis der Streifen 15 cm lang ist. Randabschluss Knötchen, abketten.

Vor dem Zusammennähen der beiden Seiten Pulswärmer besticken. Wir verzieren ihn mit farbigem Garn. Beim Einziehen der Fäden ist vor allem darauf zu achten, dass sie gleichmässig angezogen werden, damit eine schöne Musterung entsteht.

Der zweite Pulswärmer wird gleich gestrickt.

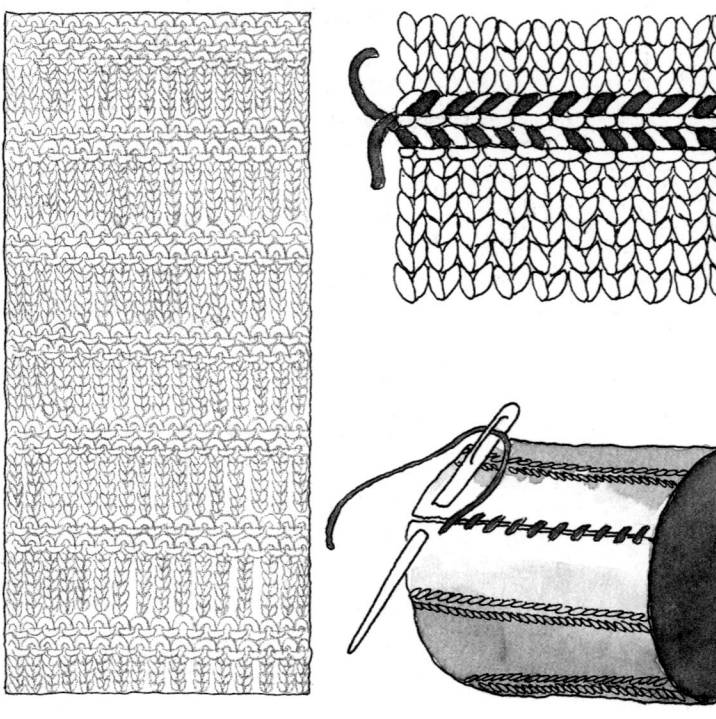

Gezöpfeltes Stirnband

Wir brauchen:

Drei Farben Mohair-Wolle, zum Beispiel rot, hellgrau, weiss. Zwei Stricknadeln Nr. 4½ bis 5, Wollnadel.

So wird's gemacht:

Wir stricken drei Bänder von 7 cm Breite und 80 cm Länge. Pro Streifen schlagen wir 13 Maschen an. Zwei Farben stricken wir in Rippen, Randabschluss Knötchen. Eine Farbe stricken wir als glatte, rechte Fläche. (Auf der Vorderseite rechte Maschen, auf der Rückseite linke Maschen.) Nach dem Abketten flechten wir die drei Bänder zu einem Zopf zusammen. Mit den Fadenenden nähen wir jedes Band einzeln zusammen. So entsteht ein schönes, rundes, geflochtenes Stirnband!

Für Sportfans

Kleine Sportfans tragen zum Spiel mit Stolz Stirnbänder, Pulswärmer, Ellbogen-, Knieschoner und Halstücher in den Farben ihrer Lieblings-Sportclubs.

Stirnband

Wir brauchen:

Orangerotes Baumwollgarn, blaue und gelbe Fäden zum Besticken, zwei Stricknadeln, eine Wollnadel.

So wird's gemacht:

Wir stricken ein Band von 38×4 cm. 10 Maschen anschlagen und sechs Nadeln linkes Muster stricken (Vorderseite links, Rückseite rechts), so dass sechs linke Rippen entstehen. Dann stricken wir 16 Nadeln ein glattes, rechtes Muster. (Vorderseite rechts, Rückseite links.)
Es folgen 10 Nadeln linke Maschen. (Vorderseite links, Rückseite rechts.) Diese Streifen je dreimal wiederholen. Nach dem letzten Linksmuster 16 Nadeln glatt rechts stricken. Enden mit sechs Nadeln linken Maschen wie am Anfang des Bandes. Maschen abketten und Fäden vernähen.
Über die linken Maschen bunte Fäden einziehen. Fadenenden verknüpfen und Quasten stehen lassen (siehe Abbildung). Zum Festbinden des Bandes häkeln wir vier Luftmaschenschnürchen.

Schal

Wir brauchen:

Zwei Knäuel blaue und weisse Wolle für Stricknadeln Nr. 4½. Wollnadel.

So wird's gemacht:

Der Schal wird 15 cm breit und 150 cm lang. Wir schlagen 40 Maschen an und stricken im Strickmuster: eine Masche rechts, eine Masche links. (Auf der Rückseite die Maschen stricken, wie sie erscheinen.) Im Wechsel von je 10 cm weiss und blau stricken. Maschen abketten und Fäden vernähen.

Pulswärmer

Wir brauchen:

Blaue und weisse Wollresten, fünf Stricknadeln Nr. 4½, Wollnadel.

So wird's gemacht:

Auf vier Stricknadeln Nr. 4½ je acht Maschen anschlagen. Wir stricken rundum: eine Masche rechts, eine Masche links, 8 cm hoch. In die blaue Grundfarbe stricken wir einen Streifen weiss ein. Maschen abketten, Fäden vernähen. Den zweiten Pulswärmer stricken wir gleich.

Knie- und Ellbogenschoner

Wir brauchen:

Dicke Wollresten, fünf Stricknadeln Nr. 5, Wollnadel.

So wird's gemacht:

Auf vier Stricknadeln Nr. 5 schlagen wir je acht Maschen an. Wir stricken rundum: zwei Maschen rechts, zwei Maschen links, 17 cm hoch. Die eingestrickten Ringmuster können schmäler oder breiter sein. Maschen abketten und Fäden vernähen. Ellbogenschoner auf die gleiche Weise stricken.

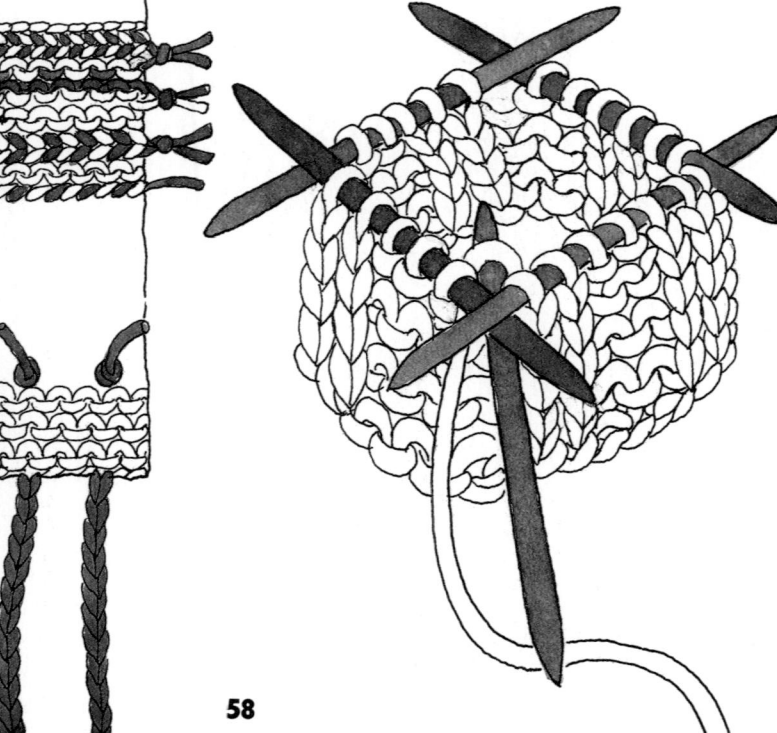

Bären

Die Bären gehn im Kreis herum,
den ganzen Tag im Kreis herum
und wenn sie abends müde sind,
dann falln sie einfach um.

Wir brauchen:

Hellbeige oder braune Wolle 50 g, einen Rest rote oder schwarze Wolle, zwei Stricknadeln Nr. 3, Wollnadel, Häkelnadel, zwei Glasaugen.

So wird's gemacht:

Wir schlagen für ein Bein 12 Maschen an, stricken 18 Rippen, Randabschluss Knötchen. Nun den Strickstreifen stehen lassen. Für das zweite Bein wird ein gleiches Stück gestrickt. Die Beine miteinander verbinden, indem man dazwischen vier Maschen anschlägt. Jetzt haben wir 28 Maschen auf der Nadel. Für den Körper stricken wir nun 32 Rippen. Für die Schultern beidseitig zweimal eine Masche abnehmen. Eine Rippe darüberstricken. Für den Kopf beidseitig zweimal eine Masche aufnehmen. 15 Rippen hoch stricken, abketten. Einen zweiten Teil gleich stricken. Für die Arme je 24 Maschen anschlagen und 19 Rippen stricken. Arme zusammenfalten, die Nähte schliessen. Jetzt nähen wir die zwei Teile des Bären zusammen und fügen die Arme seitlich ein. Beim Ausstopfen dem Bären eine schöne Form geben. Den Rest der Naht schliessen. Ohren absteppen, Schnauze aufsticken, eventuell auch Nase abbinden und mit Spannstichen umnähen. Augen annähen. Den Hals mit einem gehäkeltem Bändchen verzieren. Dieses Bärenmodell kann auch mit weniger Maschen und weniger gestrickten Rippen verkleinert werden.

Zwerge

Oben auf dem Berge
tanzen sieben Zwerge.
Unten auf der Wiese
sitzt ein grosser Riese.

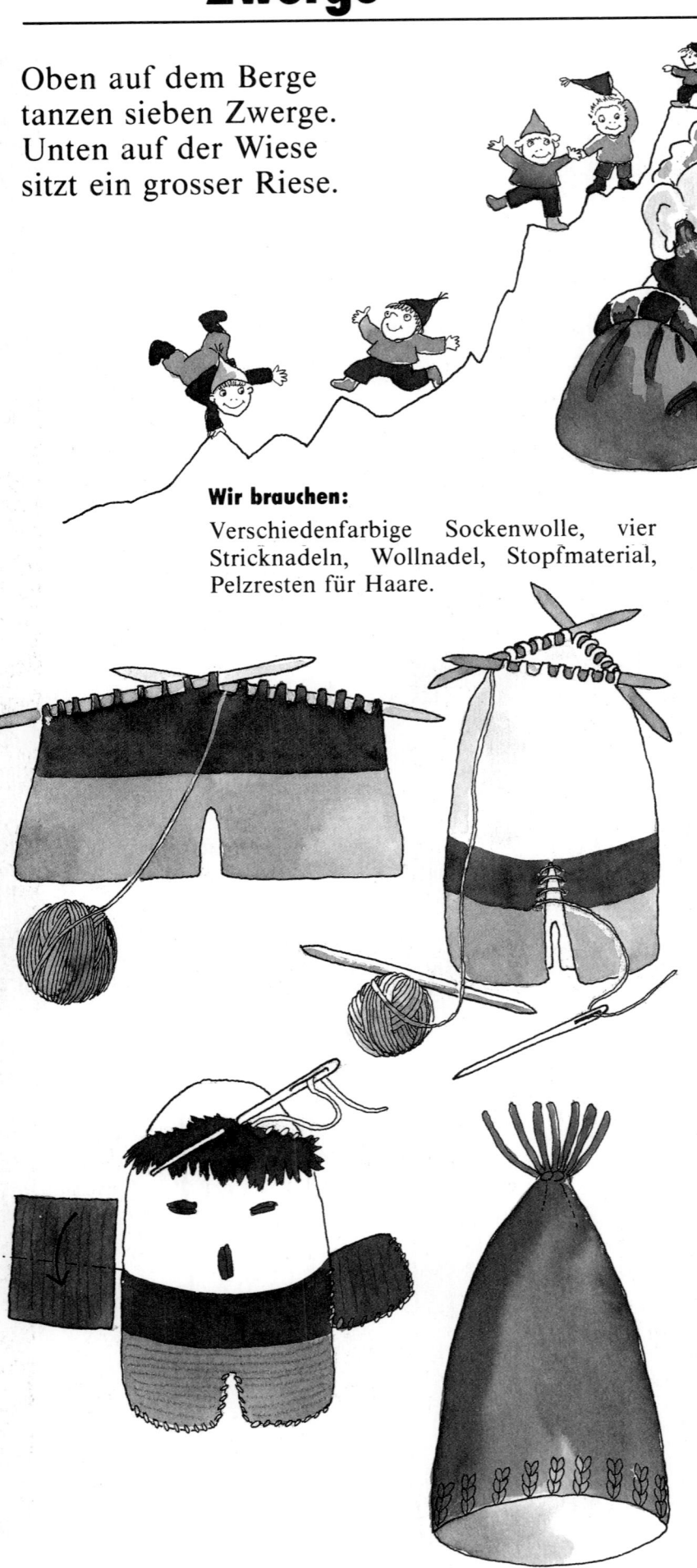

Wir brauchen:

Verschiedenfarbige Sockenwolle, vier Stricknadeln, Wollnadel, Stopfmaterial, Pelzresten für Haare.

So wird's gemacht:

Die Zwerge mit dünnen Stricknadeln anfertigen, sonst drückt am Schluss die Stopfwatte durch. Wir beginnen mit den Beinen. Sie werden offen gestrickt, zweimal. Für jedes Bein 16 Maschen anschlagen und fünf Rippen hoch stricken. Nun alle Maschen auf eine Nadel fassen und weitere drei Rippen hoch stricken. Jetzt sind die «Zwergenhosen» fertig.

Für den «Pullover» wird eine neue Farbe eingestrickt, und das vier Rippen' hoch. Nun verteilen wir alle Maschen auf drei Nadeln und beginnen mit einer andern Farbe, den Kopf zu stricken, 15 Touren alles rechte Maschen. Mit einem Zweierabnehmen beenden. Am Schluss alle Maschen mit einer Wollnadel zusammenziehen und gut vernähen.

Beine zusammennähen, stopfen und am Rücken Körpernähte schliessen.

Für die Arme schlagen wir mit derselben Wolle wie beim «Pullover» je 16 Maschen an. Wir stricken für jeden Arm 16 Rippen hoch. Arme in die Hälfte legen, zusammennähen, stopfen und am Körper festnähen.

Die Zwergenmütze wird rund gestrickt, mit der gleichen Farbe wie «Pullover» und Arme. 32 Maschen anschlagen, verteilt auf drei Nadeln. Drei Touren, eine Masche rechts, eine Masche links, stricken. Dann 15 «rechte» Touren weiterstricken. Mit dem Vierer-Abnehmen die Zwergenmütze beenden. Faden vernähen und Quaste einknüpfen.

Nun sticken wir dem Zwerg ein Gesicht auf, nähen etwas Pelz als Haare an und befestigen die Mütze mit kleinen Stichen am Kopf.